EMPIRICAL RESEARCH IN LAW
Methods and Applications

# 法律的经验研究
## 方法与应用（修订本）

王启梁　张剑源／主编

社科法学读本系列之一

社科法学

北京大学出版社
PEKING UNIVERSITY PRESS

**图书在版编目(CIP)数据**

法律的经验研究/王启梁，张剑源主编. —修订本. —北京：北京大学出版社，2016.12

ISBN 978-7-301-27758-4

Ⅰ. ①法… Ⅱ. ①王… ②张… Ⅲ. ①法学—研究 Ⅳ. ①D90

中国版本图书馆 CIP 数据核字(2016)第 277475 号

**书　　名** 法律的经验研究：方法与应用(修订本)
Falü de Jingyan Yanjiu: Fangfa yu Yingyong

**著作责任者** 王启梁　张剑源　主编

**责 任 编 辑** 李　铎

**标 准 书 号** ISBN 978-7-301-27758-4

**出 版 发 行** 北京大学出版社

**地　　址** 北京市海淀区成府路 205 号　100871

**网　　址** http://www.pup.cn

**电 子 信 箱** law@pup.pku.edu.cn

**新 浪 微 博** @北京大学出版社　@北大出版社法律图书

**电　　话** 邮购部 62752015　发行部 62750672　编辑部 62752027

**印 刷 者** 北京大学印刷厂

**经 销 者** 新华书店

880 毫米×1230 毫米　A5　8.125 印张　197 千字

2014 年 11 月第 1 版

2016 年 12 月第 2 版　2018 年 12 月第 2 次印刷

**定　　价** 32.00 元

---

# 修订本序

本书于2014年出版后，受到朋友和读者的关注，短短一年多的时间即告售罄。初版书稿虽几番校订，但由于乃是根据上课录音整理而成，仍有不少文字错漏未能发现。此次在李铎兄的帮助下，我、尤陈俊、侯猛、张剑源得以借增印此书的机会进行修订。本次修订，主要是对初版书稿中字词不准、语句不顺、表述不明的地方进行了修改。此外，因一些演讲者们的工作、经历等发生了变化，对作者信息也进行了相应补充或修改。

本书是"社科法学读本系列之一"，此系列读本的推出，旨在向有兴趣的朋友介绍社科法学的问题意识、理论旨趣和研究方法。近年来，法学界举办了社科法学和法教义学对话的研讨会，发表了一批有关二者的论文，其中有不少辩论性的高质量文章。社科法学和法教义学之间有着不同的问题意识、理论抱负和研究路径，这种差异并非谁取代谁的问题，合作和交融应该成为未来的主流。我们在此重申，只有当中国的法学研究、学说和理论呈现多元格局，我们才有机会对法律问题、法治进行更多角度、更为全面和深入的解读。

我一直提不起笔写这个短短的序言。因为这会让我不得不面对，我们共同的好友、社科法学研究的重要中青年学者易江波博士于2014年4月13日离开了我们。在2013年研习营中，江波生动、独到的演讲仍然历历在目，过去交往的种种经历时常浮现眼前，却再也没有机会互诉衷肠，求畅快一饮亦不可得。我相信，许多朋友有和我一样的痛。此书的再版，也算是对已逝好友的一个小小纪念。

王启梁

2016 年 10 月 8 日

# 法学研究的经验道路（代序）

## 一

某项学术事业的兴起，乃由时代所孕育，又往往得益于一些机缘。2006年，侯猛和朱晓阳老师牵头举办第二届“法律和社会科学”会议，主题为“法学与人类学的对话”。由刘本（Benjamin Van Rooij）向赵旭东老师推荐，我参加了这次会议。在这次会议上，我结识了侯猛、陈柏峰、尤陈俊、汪庆华、成凡等学友。遇到这样一批志趣相投的青年人，我欣喜若狂，猛然间发现在社科法学的道路上自己并不孤单。此后，每一次的“法律和社会科学”年会都会新认识几位有共同志趣的朋友。

有时回忆起过去的成长经历，我们感受颇深：在这样一个“草根”到连会议经费也需多方筹措的学术共同体中，我们获得了最为难得的学术自信，收获了朋友间的相互砥砺和深情厚谊。我们这代人走上社科法学的道路有各种因缘，但是有一个共同点，我们当初大多是法学院学生中的异类，喜欢奔向广阔的生活世界，并发出我们的疑问。我们中的多数人，主要依靠自我教育、走“野路子”，不断摸索着如何做法律的社会科学研究。

数年过去，最初参加“法律和社会科学”会议的朋友们，已经从毛头小伙接近或已过不惑之年。可以说，我们是中国法学和法治建设二十多年来的亲历者，切身感受和参与着中国法学的改观。一方面，以法律适用为服务目标，针对生效成文法的解释、分类和系统化的学说、理论不断得到充实和发展；另一方面，运用社会科学知识来研究法律问题的“社科法学”在最近十年也有了长足的发展。以法律的规范性理论为核心的前一个领域的发展，为培养出准确适用法律的司法人才提供了条件。而社科法学的壮大，使中国的法学研究、学说和理论呈现出多元格局，这意味着对法律问题、法治的解读具有了不同的角度和可能。

正是基于社科法学人才培养的需要，结合同道成长的经历，我和云南大学法学院的张剑源等同事，还有侯猛、尤陈俊、陈柏峰等朋友商议，在“法律和社会科学”2013 年年会的前两天举办一个主要针对研究生(包括少数高年级本科生)的研习营。在云南大学法学院的鼎力支持下，最终成功举办了“法律的经验研究”研习营。这次研习营邀请了 13 位主讲人、3 位评论人，并邀请其中的朱苏力、冯象、陈柏峰三位老师做了公开讲座。参加研习营的学员包括来自北京大学、中国人民大学等全国十多所高校的近三十名同学、云南大学法学院的五十余名研究生和在滇部分高校的年轻教师。研习营期间，我们还特意邀请了朱晓阳教授播放了他与诗人于坚一起在昆明宏仁村拍摄的纪录片《故乡》。年会的第二天，部分会议代表和研习营同学在朱晓阳教授和我的安排下，考察了昆明宏仁村。

举办社科法学研习营实属尝试。我们的初衷很简单，希望通过这样的专题系列课程，给有兴趣的同学们提供一个进入和了解社科法学特别是经验研究的平台。课程结束后，不断有友人和同学询问是否有讲课材料或视频，并有北京大学出版社李铎编辑动议能否就此次课程形成一本可供学生学习和教师参考的著作。由此，我和侯猛、尤陈俊商议，先请同学根据课程录音整理出讲义，我们看了初步整理后的讲义，最终才决定编辑、出版此书。此后，经过几轮修订、编辑，形成了本书。

## 二

何为经验研究?对此有不同的回答。但是,其核心是面向生活世界,是发现事实。其意义何在?用张五常先生的话来讲,“若要用理论解释世界,首先要知道世界是怎样的”①。因此,经验研究可以被理解为一种研究的进路,它也是一种关于如何建构理论的立场。

说是一种研究的进路,是因为这种进路强调对现象、事实的清楚把握,对事件、行动发生的条件、逻辑进行深入考察,对法律、制度运行的实际要有真切把握。这次研习营的讲授者们在演讲中分别从不同的角度、通过不同的研究实例展示了这种进路。说是一种建构理论的立场,是因为这种立场强调理论解释应该建立在掌握实际状况的基础上,理论解释应该有明确的对象和问题,理论的建构、发展和修正需要建立在经验研究的基础上,理论可以被检验。因此,经验研究并不是反理论,而是反对空洞和没有事实的理论。朱苏力教授的演讲中特别强调了理论的重要性及其开放性、理论与经验之间的关联。多位讲者也都探讨了理论与经验之间的关系。

法学为什么需要经验研究?这当然不是否认对法律展开规范性研究的必要性、意义及其在法律系统运作中的基础性作用,而是因为仅有那样的研究显然不够。首先,准确地解释、适用法律,并不代表着法律本身必然是正确的,更不代表着准确地适用法律就能带来理想的结果。其次,经常被忽视的是,我们很容易把书本上的法律当成了事实,而现实恰如王晓丹教授在其演讲中所言,法律并非是客观存在于书面的固定文本,而是人们不断阅

① 张五常:《五常学经济》,中信出版社2010年版,第166页。

读、审查、挪用、歪曲、改写的“行动中的文本”。因此,“若要理解真实的法律世界,就要研究‘行动中的法律文本’——也就是日常人际互动、组织运作、结构行动中的法律”。就如我所讲的那个案例,如果错案是由于法官故意错误地解释法律而发生,那么,这种问题就不是通过书面的条文所能完全把握得了的。最后,当国家、社会和个人面临的一些重大问题超出了法条,或法律体系出现了架构上的问题,这时就不是任何一种法律解释技术可以解决的。法治、法制的建构,需要对现实世界的真知灼见。

不管是对“行动中的法律文本”的发现,还是某种真知灼见的获得,都不会来自空洞的思辩或注释,它来自于对我们所生活的世界的认知,来自于经验研究。正如英国社会理论家特纳指出的:“好的理论必须介入到道德论题,与政治世界保持关联。而它只有与正在进行的经验研究计划保持系统的关联,才能做到这一点。”①

这次研习营想解决的问题,就是如何让我们的研究与生活世界或政治世界保持关联,如何开展经验研究。

刘思达博士的讲授重点介绍了法律社会学的定性研究方法,并结合其自身研究经历做了细致的讲解。非常值得注意的是,他在讲授中特别指出:“在中国做法律实证研究以定性研究方法为主,定量方法为辅”,侯猛在演讲中对此也持同样的观点。我们都知道定性和定量是经验研究的两种基本进路。刘思达和侯猛均主张在当前应该以定性研究方法为主,其原因无疑值得大家思考。刘本教授讲的是“比较研究与抽样”。比较,其实是经验研究最为基本的一种方法或研究策略,恰好与刘思达的演讲能够形成呼应。刘本提出:“所有的研究都是做比较的,包括理论性的研究

① 〔英〕特纳主编:《Blackwell 社会理论指南》(第 2 版),李康译,上海人民出版社 2003 年版,“第二版序”,第 25 页。

也都是比较一个理论与另外一个理论,实证研究肯定是比较性的”,并对比较方法和抽样的问题进行了讲解。我觉得,他这样讲,最重要的是提示我们,如何尝试、发展出真正有效和有用的比较研究来,而不是停留在我们所熟知的文本对文本、条文对条文、缺乏问题意识的所谓“比较法”。

赵旭东和朱晓阳两位教授既是卓有成就的人类学者,又都从事着和法律有关的研究。他们从人类学角度提供了非常实用的社会调查经验和理论。赵旭东老师把人类学田野调查的关键归纳为“田野八式”,既有简明的理论概括,又有生动的例证,这对同学们来说无疑是非常有用的“拳谱”。特别重要的是他所说的“人类学要求你一定要住在那里,而不是待在这里”。朱晓阳老师也多次讲过,调查的成败往往取决于“熬时间”。这里面的道理其实不复杂,足够的时间才能获得信任,足够的时间才能让你体验生存环境、查验事件发生的条件、体谅你的调查对象。朱晓阳老师的演讲从地势、环境着眼,反对把“生活扁平化”,强调要寻求“彻底解释”。他实际是想说明,我们有办法达到相互理解——这一点非常重要,如果在所谓“现代人”与“土著人”之间、在研究者与被研究者之间无法达到共识,那么一切经验研究都将成为虚妄。此外,在听讲和阅读文稿的过程中,我发现,法律在很大程度上其实就是一种把生活扁平化的重要力量——而这正是我们有时候需要“反对”法律、跳出静止的文本批判地认识法律的一个重要原因,法律不应该是用来毁灭生活的。我特别注意的,不仅是朱晓阳老师所讲的方法和理论,还有他所做的:“介入到社会生活当中去获得认识,一面观察,一面介入,一面反思。对人类学来说这好像是站在生活漩涡中提供洞见,在这样的世界里没有人能抽身而去,离开社会生活是不可能的。”这无疑提供了学者如何存在于当下的一个重要案例,关于这一点,我们或许应该另找机会深入讨论。

易江波博士的讲题是“向‘无意义’中发现：实地调查者的心性结构”，其中既有对社会调查的经验和理论的反思，又有其亲历的失败案例。他指出了一个研究者特别是初学者容易犯的错误，即把实地调查当成了收集资料的过程和方法。其实，社会调查的目的是发现问题并解释问题。而那些看起来“无意义”的生活、重复的实践恰恰可能是最重要的问题来源。易江波还在演讲中细致地分析了调查者的“心性结构”。照我个人的理解，其核心就是我们以何种心态、以何种禀性来做调查；这一点很重要，学者实际上是受到性格、心性等气质影响的。当然，这也正是在一段时间内实地调查被猛烈攻击的一个原因。易江波的演讲既是一个对方法的反思，也是对研究者的反思。

陈柏峰教授所讲的华中村治研究群体的经验训练方法，是中国学术界近几年一个值得关注的现象。在贺雪峰老师的带领下，华中科技大学中国乡村治理研究中心培养了一批具有很高研究水平的学生，陈柏峰是其中的佼佼者，发表了数量、质量都很惊人的一批论著。他系统介绍了华中村治经验研究与人才培养的主要做法，特别是关于“练两经”(读经典、做经验研究)的做法，非常具有启发意义。他还介绍了中国乡村治理研究中心的集体调研。虽然这种调研方式也被一些学者所批评，但是，从我个人的经历，以及参与中国乡村治理研究中心的调研和云南大学的集体调研来看，这是一种值得推广的做法。

尤陈俊老师讲授了如何在经验研究中培养历史感的专题。这个问题非常重要，尤其是对于从事法律社会学、法律人类学研究的调查者来讲。许多纷繁的现象背后有着其历史的脉络，今天发生的事情往往源于某种集体的记忆，历史感对于研究者发现问题、审视现象具有重要的基础性作用。尤陈俊的讲授系统、深入，实例生动，对初学者是很好的指南。在法人类学中也有一些很好的作品提升了历史维度在研究中的重要性，包括朱晓阳老师关于小村的研究,从中可以看到制度在历史和记忆的脉络中是如何被运用、再解释和变迁的。尤陈俊最后还有一句重要的忠告:“做学术研究应该要以问题为中心,而不是以学科为中心,因为现实生活中很多的社会现象不会按照人为设定的那些学科划分为你呈现出来。”

王晓丹教授的演讲既提供了关注“法律的日常建构”的方法、视角和立场,又有若干实例提示大家如何展开具体研究,特别通过经验研究和理论反思审视了当代最为显著的法律现象——法律移植。

我的演讲主要是关于如何运用媒体资料进行研究,因为媒体已经成为我们生活中非常重要的部分。在很大程度上,媒体如何报道、报道些什么,影响了大众对世界的认识。从学术研究的角度看,媒体对事件的报道成为了学术研究的资料来源之一;此外,媒体的报道、人们的自媒体行为、舆论本身也会成为研究和批评的对象。我的核心观点是:我们固然需要学会娴熟地运用媒体资料进行研究,然而媒体资料,或者更广义地讲,所有的二手资料的运用本身都离不开研究者的经验和经验感。

汪庆华教授回顾了对行政诉讼的经验研究,既有详细的研究经历回顾,又有非常强烈的问题意识的展现——这正是我们所需要的。在此,仅举一例,在回顾研究时,他提出一个问题:“一种什么样的机制让那些可能在性格上比较偏激的人最后成了精神病”?这是学术研究的精髓,我们不仅需要对现象的呈现,更重要的是对现象的追问,对现象的解释。

侯猛老师以其博士阶段的学习、论文选题、研究过程为线索,清晰、细致地呈现了一个年轻学人如何接触、进入跨学科的法律经验研究,如何学习理论、如何探寻方法、如何发现问题,为我们提供了一个非常有价值的个案。对于有志于从事社科法学、经验研究的年轻学人来讲,他的讲述无疑是一个很好的参考。

张永和教授讲的是关于马锡五审判。这是一个特别的演讲。我从中发现，马锡五审判来源于马锡五自身的工作经历、经验，又被作为经验推广，并在此后不断被演绎。这一演讲是一个对“经验”的经验研究。

最后，有三位评论者提供了评论。张芝梅老师在简短的评论中，指出了对于年轻学人来说可能至为重要的启发，即“可以有不一样的法学”。这其实是说，我们可以有不一样的学术和人生道路。有时候，成功源于“反叛”。支振锋老师的评论从另一个角度为法律的经验研究的必要性提供了很好的解读。其核心观点是中国的法学研究需要学习西方理论，但是，不能迷失在西方的理论话语中，不能用西方理论、问题意识代替我们对中国问题的理论思考和理论建构。在我看来，把经验研究和理论建构紧密的结合，正是发现、解释中国问题的出路，是建构具有自主性的中国法学理论的出路。冉井富老师对课程做了一个总的评论，总结了我们一些基本的共识，比如“没有理论，经验研究确实是不可想象的”。他还对我们课程中出现的关于定量研究和定性研究的问题进行了精到的回应，这对于我们如何认识这两种研究进路有很好的帮助。我还特别注意到，他提出并阐述了一个问题——“我们应该把什么问题作为法学的研究对象？”我想，这一问题值得我们在研究和学习中经常反思，只有不断探索和追问，法学才会成熟起来。

这是一篇难免挂一漏万的综述。这些演讲者最重要的经验、智慧和谬误，有待于读者去发现、领会和批评。最后，我借用易江波演讲和文稿中的一段话，来说明我们所强调的经验研究对于学者的意义：

> 布迪厄强调，作为一个社会学研究者或者经验研究的研究者要有一个“成人礼”。他提出“成人礼”的概念是什么意

思呢？就是说，要成为一个真正对自己有内心认同的经验研究者、社会学研究者，必须要有一个“仪式”，但这个“仪式”并不是像婚礼仪式那样，而是指必须要有一段对自己形成深远影响的实地调查经历。

## 三

此书能够形成，要感谢许多人。

本次研习营的16位教师不仅积极参与课程的讲授，此后分别亲自校订了录音整理稿，从头至尾未取分文酬劳，其中多位老师甚至未接受来滇旅费的资助，特别是刘本、刘思达、王晓丹三位从美国以及我国台湾远道而来。这是真正的学者风范。

感谢云南大学校长林文勋教授。林校长获知将举办研习营后，给予了我们很大的鼓励。研习营结束后，我们从呈贡校区移师云南大学校本部东陆园著名的至公堂举行“法律和社会科学”年会。林校长出席年会开幕式，对云南大学悠久的跨学科研究传统进行了精彩的回顾，追思曾经任教于云南大学法律系的王伯琦、瞿同祖、费孝通等先贤，高度肯定了跨学科研究在当代中国的意义。

感谢云南大学法学院及陈云东院长。云南大学法学院承担了研习营和年会的主要组织费用；云南大学呈贡校区管委会唐家斌老师为外地学员精心安排了住宿。

云南大学法学院的张剑源、刘国乾、张青、马碧玉、陈雯、王鑫、杜健荣等同事尽心竭力地承担了研习营课程协调安排、会议组织等事务；唐国智等同学恪尽职守保障了会场设备的顺利使用。

云南大学法学院的数位研究生对课程录音进行了初步的整

理和校对，他们是：李振贤、王琼梅、李一珊、段格、邵璐、赵云曙、张慧君、李娜、李晨、罗天。我的博士生甘霆浩（云南大学《思想战线》编辑）、张丽（云南民族大学教师）对讲稿进行了二次修订。此外，我的妻子李娜（昆明理工大学教师、阿姆斯特丹大学法学院博士生）也参与了文稿的修订。在此一并感谢。

此书能够面世，多赖北京大学出版社和李铎编辑的鼎力相助，在此特别感谢。

本书最终的修订由我、张剑源、侯猛、尤陈俊共同完成。但是，侯猛、尤陈俊坚辞挂名主编，二位是这次活动的重要组织者和推动者，是“社科法学连线”（Law and Social Sciences Union）的主要发起人，此等只求事成、不计功名的精神实在难得。

王启梁

2014 年 9 月 10 日谨识于云南大学

# 目 录

## 第一部分 理论与方法

## 第二部分　主题研究



## 第三部分　评　论

第1部分

# 理论与方法

# 法律的经验研究

朱苏力

朱苏力，男，北京大学法学院天元讲席教授，长江学者。少年从军，后当工人，1978年考入北京大学法律系（法学院），毕业后任职广东海关分署；1984年考入北京大学研究生院；1985年赴美留学，先后就读于麦克乔治法学院、亚利桑那州立大学，并获硕士（LL.M.，1987；M.A.，1989）和博士（PH.D.，1992）学位。1992年回国任教于北京大学法学院至今。曾担任北大法学院副院长、院长。发表论文、短论和书评200余篇，译著有《法理学问题》《司法过程的性质》《无需法律的秩序》《法官如何思考》等12部，个人独著有《法治及其本土资源》《送法下乡》《制度是如何形成的》《法律与文学》等10部。

非常感谢各位老师、各位同学来参加这个研习营。我觉得这是中国法学的一个重要进步。大家尝试着去做经验研究,对于中国法学而言,这是把法条研究转化成法学研究的一个途径,很重要。

## 一

我的文章大家可能都已看过[①],但我不想谈论文章涉及的话题,今天主要集中讲解在经验研究当中需要关注的问题。我们过去批评中国的法条主义,实质是说他们只注重法条而不注重真实世界,因而我们需要关注真实世界,注重调查,注重研究发现。但更重要的一点,也即我写这个文章的主旨之一,在于强调仅仅调查同样也会出现问题。有许多时候,你调查什么问题、发现什么问题、提出什么问题、关注什么问题,这个问题并不是说你去调查就能去看到的。换言之就是需要改换环境。这实际上就是当年马林诺夫斯基对费孝通先生提出来的一个问题,许多学者生活和工作都在一个固定的环境,他觉得自身生活的这个环境是完全正常的,根本没办法发现自己生活当中的问题。因此需要学者进入到“他者”的环境中去发现问题,这是经验研究中需要关注的一个

① 编者注:朱苏力老师为研习营提供的阅读文章是《读“一妻多夫制”文献》,该文修改稿《藏区的一妻多夫制》已发表在《法律和社会科学》第 13 卷第 2 辑,法律出版社 2014 年版。

方面。概括地说,就是做经验研究的时候,除了要理解,更重要的一点就是要多走多看多体会:只有到了城市以后,你才能理解农村,到了农村以后,然后再进入城市,你才可能理解城市。

坦白说,我之所以会对中国本土的情况比较关心,并不是因为我从小就喜欢这个环境。对于这个环境中发生的事,很多时候我同样会觉得那都是理所当然的。然而,当我到了美国以后,回过头才发现,原来中国和我以前所理解的并不太一样,甚至很多时候会感觉到,并非如我原来所想象的那样“理所当然”。这个时候我就会想,为什么不一样,里边有什么道理。就是说你要走过、经历过很多环境,才会有理解和发现,这是一方面;另外一个方面是说,要有理论,没有理论的话其实是观察不到任何问题的,因为你不知道哪些问题是有意思的。这也是我为什么写一妻多夫制这个文章的问题意识,同时也是我今天展开论述的一个话题。

我到了西藏去支教以后,读了不少文献,这其中有一个问题是让我感到最为好奇的:为什么一妻多夫制不大符合人类普遍性?其背后的原因又是什么?在参阅了很多文献后,我总结如下:许多学者在讨论这个问题的时候,他们强调文化,而文化就是描述这些现象。在这个过程中,因为缺少理论,而使得文化的解释往往缺乏解释力。那为什么会缺少理论呢,他们也读过很多书,也记录了很多现象呀!问题就在于,当他们长期待在这个环境当中做研究的时候,没有关注到在我看来可能与一妻多夫可能有关的其他现象。我到西藏后的一个最大的感觉就是西藏太缺少资源了。过了米拉山口以后直到拉萨,整个山上几乎都是没有一棵树的,比较好的话就是靠山脚下有一些灌木丛。这给我的震撼非常强烈。除了河谷地带我看到到处有树,贫瘠一点的山上连草都没有。在拉萨,我看到拉萨城市建设修管道,挖出来的是鹅卵石和沙子,这表明这儿可耕作的土地非常稀缺。这使我觉得一妻多夫制或许与这个自然环境有关系,而不是什么抽象的文化。

我后来就提出了两个关于一妻多夫制发生的假说。一是耕地极端稀少。这个问题我在文章中提到过,比如昌都的某村人均土地还不到一亩地,村里五十户人家中有四十九户是一妻多夫。为什么?一个直接的现实问题就是,如果想分家过,连盖房子的地都没有。日喀则地区也有这种现象。土地供应极其有限,人均土地1980年时大概是2.5亩,现在只有1.6亩。如果一个村子没有可耕地,也没有荒地可开垦,为了活下去,或为了活得还可以,他们就不敢分家。藏族同胞天天生活在那里,但他们很难提出这种解说,他们很难感觉这与他们的家庭制度结构有关。而如果外来者保持对现象的敏感,就可能提出一些新的假说,并努力从经验上去验证。

但问题是,藏区的一妻多夫制是否都是因耕地稀缺导致的?我发现研究者大多研究的是人口较多的日喀则、山南地区、林芝或者昌都这些地方,这些地方其实都是生存环境相对还好的一些地方。而对西藏北部高寒地区的调查研究却很少,除了20世纪50年代新中国刚建立不久,50年代后期到60年代前期在那曲、阿里有一些调查。那里海拔都在四千多公尺,像双湖县平均海拔在五千公尺,人类在那里很难生存,人口很少,自然,学者去这些地方调查就会少。另外,这些地方,也不像在日喀则等地。日喀则等地有村庄,你到一个村里就能获得不少调查材料,而在高原上,没有村庄,你调查零散的几户人家,就得跑很远,而且这几户人家也不构成一个村子。这就令调查获得的材料如何处理都是个问题。

但这些地方也有一妻多夫制。这些地方是牧区,放牧的土地并不稀缺,这又该如何解释?我就提出了另一个假说,即这里土地贫瘠,加之人们都过着游牧的生活,他们就不可能聚居,因此这里没有邻里和社区,也无法获得各级政府的帮助,在这里,要活下去,可能就需要一个相对大的家庭。比方说如果要应对诸如暴风雪、泥石流这样的自然灾害等，家庭中最好有更多的成年劳动力，那样可以互助。而面对这种生存需求时，一夫一妻家庭就太小了，就需要一个稍大的家庭。但是否真的如此，我没有到那里去调查，也不知道以后有没有机会去调查了，不过这个假说，即便不对，也是可以给人启发的一种可能。而且下面的分析也会表明这个假说，至少在理论上看，还可能成立。

这里需要一个大一些的家庭，但为什么是一妻多夫而不是一夫多妻？一夫多妻制在一些地方也更普遍，似乎也符合所谓的“人性”或动物性。但一夫多妻的问题在于，很可能几个妻子一个在哺乳，一个在怀孕，一个在养育两岁的孩子，因此家庭大了，但家庭人手更缺乏，没办法相互帮助。因此一夫多妻的大家庭并不适合严酷的自然地理环境下的生活。另外一个问题是，一夫多妻制家庭中，几个妻子通常都会更关心自己的孩子，孩子是谁生的，也是清清楚楚的，因此孩子的产权太明确了，反而容易造成家庭不和睦，这是有大量证据的。但是一妻多夫就不一样，我这里所说的是藏区，通常是兄弟间的一妻多夫制，这就避免了一夫多妻制的弊端。几个男子不会因为生育的问题而失去劳动力。一妻多夫的另一个好处是几个丈夫，甚至妻子本人，都不确定知道这个孩子是谁的，即便妻子知道，但为了让几个丈夫都对自己的孩子好，为了家庭和睦，也会有意保守秘密。而兄弟型的一妻多夫，还因为兄弟之间是分享着基因的，这也会弱化几个丈夫之间的性嫉妒。这些优点，一夫多妻制家庭都没有，即便是姐妹型的一夫多妻也没有。为什么？简单说来，两个因素：一是生育在一夫多妻家庭中是一个“公共事件”，孩子是谁生的，很清楚，而在一妻多夫家庭中，怀孕是一个“私隐事件”，一般说来，不容易判定孩子是哪个丈夫的；另一点是，在怀孕、生育和养育孩子过程中，妻子投入很大，包括生育机会和养育，而在让妻子受孕生下孩子这一事件中，丈夫的投入很少，这也使得即便是姐妹型一夫多妻家庭中的妻子，通常也比一妻多夫家庭中的丈夫更关心自己的孩子的产权。

还有一个方面，也令一妻多夫制在藏区胜出。这就是，即便家庭同样大，一妻多夫制家庭生育的孩子数量也比一夫多妻家庭生育孩子的数量少，因为人口的繁衍增长的速度更多取决于女性的数量，而不是男性的数量。这就使得，在西藏地区这种艰苦条件下，一妻多夫家庭会比一夫多妻家庭通常更为富裕，大人的生活、孩子的生活都更好一些。就此而言，一妻多夫制甚至是一种可持续发展的家庭制度。事实上，西藏的人口在历史上一直保持稳定，增长不快，与藏族同胞采取这种制度或许有一定关系。就此而言，一妻多夫制是藏族同胞的选择，也是西藏地区自然环境的一种选择，或者说是自然环境塑造了这一选择。

## 二

我讲了经验研究，但这里讲的另一个主题其实是希望大家也要关注理论问题，注重运用社会学、政治学、经济学、人类学、心理学等知识来帮助、丰富我们的法学研究。这里强调的是丰富而不是替代，不然我们所讲的一妻多夫制很可能就变成了对个体的风俗习惯的描述，甚至会用一个地方的制度去替代其他地方。

为什么需要理论呢？因为，经验调查会看到太多现象，但什么现象是有意义的？哪些现象是相互关联的？这需要有解释力，这不可能仅仅通过看并记住所有看到的现象本身就能完成。其实一个人可能会看到很多现象，但也因此，他没有看到任何现象，也记不住任何现象。是理论帮助我们看到重要的有意义的现象。但同时，还要避免拿着理论去找点什么经验材料来填空。这两方面都需要注意。

我之前是很相信吉尔兹的“深描”的，现在我对此很怀疑了。

因为，仅仅对所感知的所有现象都努力去做非常细致的描述，第一，这不可能，任何描述都是要省略的；第二，这并不一定能得出什么有意义的结果。例如，就一妻多夫制而言，如果不关心经济制度，不描写自然环境，只描写这个家里有几口人，他们是怎么吃饭的，晚上妻子和丈夫睡觉的时候是由丈夫来安排还是妻子来安排，他们着装如何，几点钟睡的，是否由妻子自己说我选择同哪个丈夫睡觉等，除非你发现这些现象有某些超越现象自身的意义或联系，否则你会发现这个“深描”一点意思也没有。这就是“众里寻他千百度，蓦然回首，那人却在灯火阑珊处”。你寻他千百度，你一定看到了许多人的面孔，但你记得住这些面孔吗？但当你看到那人却在灯火阑珊处时，你其实未必看清了他的面孔，你却知道这就是你要找的他。这就是为什么我现在不太接受“深描说”的理由。“深描”的意义在于你要清楚讨论什么问题，有什么理论假说，否则什么意思也没有。希望这对大家做经验研究有所帮助，特别是大家在研究你不熟悉的问题时。

但对理论或理论假说也要保持适度的开放。这就是说，要对那些挑战理论或理论假说的经验现象保持足够的敏感，要准备让经验来挑战和丰富自己的知识或前见。这与基于法条的研究是有显著区别的。前者是努力用法条来包装自己的利益诉求，为了完成这个包装，甚至要牵强法条，只要不把法条扯碎了都行。因此，这种研究对于法律职业很重要，但其目的不是追求知识，不是了解世界。而我今天在这里讨论的是法学的研究，是以知识为导向的，有追求，但不是直接的法律上的利益。因此，在研究时，我不认为需要思考这是不是法学研究的问题，而是要让自己追求一种近乎纯知识的兴趣或快乐。在这个基础上，我们才可能把人类学、社会学、经济学、政治学的知识纳入到法学中来。而一旦保持了这种心态，我们做法学研究的人也就可能做出一些研究，尽管没有刻意，却是社会学的或是人类学的或其他什么的。

## 互动环节

**学生提问**:作为学生,我们面临一个学科壁垒森严的问题,不太可能信马由缰地去做一些自己感兴趣的研究,就好像现在法律界的经验研究主要集中在法律共同体和法律职业研究一样。我们应该怎样去平衡二者之间的关系呢?比如我可能对跨学科的东西有非常大的兴趣,但又要屈从于这个体制,先要去被认同。就像西藏的婚姻制度,它不是一个成型的规则,可能更多的是地方性的知识,是我们去发现的东西,因此它广义上可能是一个规则。那么老师认为它和法律的联系到底是在哪里?

**答**:我可以讲一下西藏的赔命价的问题。因为一些原因打死了对方的人,不管政府判了多少年刑,没用,就是要他赔命价,就是赔给死者家里一笔钱,说是死者生命的价格。为什么?国家可以说由于侵犯了国家保护的人身财产权利,国家要惩罚罪犯;但是对于死者的家庭来说,还不仅如此,这个家庭失去了一个劳动力,家庭收入减少了,因此需要赔命价。实际上,赔命价的出现,就使得我们对国家法律的理解多了一重。因此在处理这类问题时,就会多一个视角。换一个角度来看,赔命价与我们今天讲的刑事和解是很相似的,许多地方的原理是一样的。这些事实并不是与我们今天没有关系的,不要以为农村或者民间的许多规则与政治法律制度没有关系,政治法律制度实际上会从中吸取很多内容的。

其实诸如此类的现象,都可能对我们从特定角度理解问题有好处的。到了西藏以后,我才理解藏族人为什么吃青稞,为什么以炒熟后磨成粉这种方式吃青稞。除了青稞能在海拔四千米以上生长之外,很重要的一点,就是藏区海拔高,很多东西是煮不熟的，唯一能让食物熟的方法就是炒，炒熟以后碾成面粉，吃的时候，加点奶茶捏成团，就可以吃，就不再需要加工了，这种食用方式是非常节省燃料的，而在青藏高原燃料是很难获得的。高原没有树木，也不大可能挖煤、运煤，更不可能挖灌木丛的根，那对植被的破坏是致命的，因此牧民的主要燃料是牛粪，牛粪的燃点低，但也意味着不会有很高的热量，不可能煮熟青稞，不过牛粪还是可以甚至很容易烧开奶茶，恰恰因为高原奶茶的沸点降低了，因此青稞粉加点儿奶茶捏成团就可以吃了。由此就可以理解吃青稞这其中的道理了，其中有各种契合，从简单的食物，可以延伸讨论西藏的自然环境保护的问题、可持续发展的问题。了解这一点，并不一定都马上能变成法律，但如果要处理与此相关的问题时，如果你理解了这一点，你就会慎重多了。像我之前没去西藏时，我就认为，藏族同胞吃青稞，仅仅因为青稞是高原的农作物，只有到了西藏，才发现，这其中是有很多环环相扣的道理。

这还表明经验研究有的时候并不意味着需要很多实证调查，关键是你找到一个要点就能立刻获得启发。例如，我听到法官说：现在进入法庭辩论阶段，什么是法庭辩论呢？就是可以吵架但不能骂人。(笑声)我马上感觉中国的抗辩制是没办法进行的，而其他人听了这话也许会毫无感觉。最近看了南开大学朱桐辉老师的文章，他说跟老百姓说不清楚什么是回避。后来法官就想出了办法，直接问当事人认不认识庭上的法官，不认识那就不需要回避了，这样就把回避问题绕过去了；如果认识，再问怎么认识的这类问题，再决定是否回避。所以调查并不是一定要去寻找很多证据，最重要的是从证据中、理论体系中能发现出多少意义。

## 延伸阅读文献

### • 著作

〔美〕理查德·A. 波斯纳:《性与理性》,苏力译,中国政法大学出版社2002年版。

〔美〕罗伯特·C. 埃里克森:《无需法律的秩序——邻人如何解决纠纷》,苏力译,法律出版社2003年版。

费孝通:《江村经济》,商务印书馆2001年版。

费孝通:《乡土中国》,北京大学出版社2000年版。

苏力:《送法下乡——中国基层司法制度研究》,中国政法大学出版社2000年版。

### • 论文

〔英〕罗纳德·哈里·科斯:《企业的性质》,载〔美〕唐纳德·A. 魏特曼编:《法律经济学文献精选》,苏力等译,法律出版社2006年版。

〔英〕罗纳德·哈里·科斯:《社会成本问题》,载〔美〕唐纳德·A. 魏特曼编:《法律经济学文献精选》,苏力等译,法律出版社2006年版。

毛泽东:《寻乌调查》,载《毛泽东文集》(第1卷),人民出版社1993年版。

苏力:《纲常、礼仪、称呼与社会规范——追求对儒家的制度性理解》,载《中国法学》2007年第5期。

# 法律社会学的定性研究方法

刘思达

刘思达，男，美国芝加哥大学社会学博士，北京大学法学学士，加拿大多伦多大学社会学系助理教授，美国律师基金会研究员，美国普林斯顿高等研究院成员。主要研究方向为法律社会学与职业社会学，近年来一直致力于关于中国法律职业的实证研究，兼攻法律社会学基本理论。曾在《中国社会科学》《中外法学》《社会学研究》《社会理论》《北大法律评论》《清华法治论衡》《法律和社会科学》《交大法学》、*Law & Society Review*、*Law & Social Inquiry*、*Law & Policy*、*Asian Journal of Law and Society*、*Annual Review of Law and Social Science*、*China Quarterly*、*Wisconsin Law Review*、*Fordham Law Review* 等国内外学术期刊上发表过二十余篇中英文论文，并出版有《失落的城邦：当代中国法律职业变迁》《割据的逻辑：中国法律服务市场的生态分析》《霍姆斯读本：论文与公共演讲选集》（译著）等学术著作。

非常高兴能到云南大学法学院做这个演讲。“法律社会学的定性研究方法”是一个很大的题目，我在这里主要是给大家做一个概括性的介绍，包括定性研究方法所涵盖的内容、定性研究如何进行、需要注意哪些方面等。

## 一

法律社会学，或者说整个法律实证研究（法律经验研究），或者更广义地说，社会科学的实证研究，基本上有两大类的研究方法，一类叫定量研究方法，一类叫定性研究方法。

定量研究方法是运用统计分析的研究方法。也就是基于因果关系和统计分析（尤其是回归分析），用因变量、自变量来验证它们之间的因果关系，并用统计来进行假设检验的一类研究方法。这种方法在经济学、社会学、政治学这三门社会科学中应用得比较多。

定性研究方法主要包括以下几种：一是访谈，这次研习营课程的材料里收录了我和中国政法大学吴洪淇老师合作的一篇文章[①]，主要是关于律师、基层法律工作者和农村法律服务工作的，其中就有很多访谈。第二种是民族志，也叫参与观察。这种方法不是像记者那样一对一地采访然后记录一些谈话内容，而是要亲

① 刘思达、吴洪淇：《法律边疆地区的纠纷解决与职业系统》，载《社会学研究》2010年第1期。

身去体验你要研究的领域。比如,研究工厂就到工厂去工作一段时间,研究律师就到律师事务所去工作一段时间,跟他们"同吃同住同劳动",在这个过程中进行观察,这是另外一种比较重要的定性研究方法。第三种定性研究方法是在社会科学界经常被忽略的历史文献研究法,这种方法在历史社会学和文化社会学的研究中都有大量应用。

对于定性研究方法,首先要对比一下定性和定量研究方法在法律实证研究中,尤其是在研究中国的法律现象时的优劣和存在的问题。我认为,在中国研究法律社会学,要以定性研究方法为主,定量研究方法为辅。因为法律社会学和社会学的其他领域不一样,比如人口学或社会分层,很多都是通过统计分析进行定量研究的;定性研究方法,比如访谈之类的,用的人很少,而且不好做。但是法律不太一样,不管在中国还是在其他国家,实证地研究法律问题时使用定性研究方法的比例,明显高于使用定量研究方法的比例。比如,美国的定量研究是相当发达的,但美国的法律社会学研究者研究律师、法院、司法、法律意识及其他问题时,使用定性研究方法的比例至少是60%。而在社会科学一些其他领域的研究中,使用定量研究方法的比例占了70%—80%,甚至更多,定性研究则很少。这其中有各种各样的原因,最主要的原因是法律社会学是一门交叉学科,社会学、法学等不同学科对其都有研究。在国内,法律社会学的研究主要由法学院的老师们来完成。而在美国,法律社会学的研究更多的是由社会科学界的研究者来完成。

那么,为什么法律社会学的研究会以定性方法为主呢?很多人说是因为法学院的老师"不识数",没有受过正规的统计训练,不知道怎么做好定量研究。这确实是个问题。直到今天,中国的法律社会学或更广义的法律交叉学科,真正能做出高水平的回归分析、因果变量假设检验的人确实不多。法学院的老师中,很多是没有关于统计方面的学科专业背景知识的。同样，在法律经济分析领域，法学院的老师们由于没有相关的专业知识，真正会做并且做得很好的人确实不多。所以，专业知识上的欠缺，限制了定量研究方法在法律社会学研究中的应用。另一个更重要的原因是，法律是不容易被量化的。首先是条文本身，法律社会学更多研究的是“行动中的法律”，关注点是法律在实践中的运作，是法律实施中的问题，而不是“书本上的法律”。比如，律师在诉讼中是怎么说服当事人和为他的当事人代理的，法官是怎么调解和判决的，警察在逮捕或各种刑事程序中是怎样行动的，这些都很难量化。再一方面的原因是收集数据的难度及其不确定性。比如，法院的很多判决我们是看不到的；即便法院有很多数据，但是你不在其中工作是拿不到高质量数据的，就算能拿到高质量的数据，过程也是很不容易的。即使能拿到，比如在美国我们都能拿到很多数据，但是我们发现法律是一个等级森严的体系，要真正理解司法过程，不仅要看法庭上的行为，还要看法庭外的法律适用状况。整个法律体系并不是一个非常开放的体系，这与法律职业专业性很强有关系。专业性越强的领域，职业自主性也越强，法律有很多相对不公开的东西，进入的门槛很高，越高级别的越是难接触到。这是为什么在法律社会学领域用定量方法比较少而定性方法相对较多的一个重要原因。

此外，在中国做定量研究，收集数据就更困难。苏力老师1998年发表的《法律社会学调查中的权力资源——一个社会学调查过程的反思》一文①，说的就是进入一个地方做研究是需要“成本”的，成本不一定是“钱”的意思，而是需要关系，需要各种各样的资源，那样人家才允许你进入这个地方，允许你在这里做访

① 苏力：《法律社会学调查中的权力资源——一个社会学调查过程的反思》，载《社会学研究》1998年第6期。

谈，允许你在这里做研究，允许你去拿数据，允许你到其中去参与观察。所以，大家在想自己能做什么研究的时候，也要想一想自己能利用什么资源的问题。

最后，在中国做定量研究时，收集到的数据很难把握。所以我一直主张在中国做法律实证研究以定性研究方法为主，定量方法为辅。这并不是说不要数字，而是需要高质量的数字、可靠的数字，但不要迷信数字。举个例子来说明，我的博士论文是关于中国律师的[①]，我在北京访谈了一位湖南律师，他给我讲了在湖南的一个真实的事情：他在湖南的时候在律管处工作，他们那个律管处的新任处长上任时，正赶上要把这个律管处管辖的所有律师全年的收入汇总上来。这个处长是个很负责的人，把该年当地律师的年收入和前几年的作了比较。他觉得这几年经济发展很好，应该是每年的收入都在增长，但结果是今年报上来的收入比去年要少。他很奇怪，于是就打电话给前任处长，问怎么回事，前任处长笑了笑说："你管它收上来数字是多少，你把今年的数据做得比去年的高一些就好了。"听他讲完这个故事之后，我很受震撼，从那时候开始，我就不太相信数字了。有句话说"数字不会骗人"，但有时候数字是有很大水分的，数据作为一种社会事实是要经过提炼的。

这就是我想讲的第一个问题，定量方法和定性方法在法律实证研究中的应用，以及为什么定性方法被运用更多的原因。

## 二

接下来，我简单谈谈定性研究的几种不同方法。

首先是访谈，这是我最熟悉的方法，因为我本人的研究中用

---

① 刘思达：《割据的逻辑：中国法律服务市场的生态分析》，上海三联书店 2011 年版。

了大量的访谈。访谈有几个最基本的问题应该注意：首先一点，访谈不是座谈。我们很多的实际调研中，需要借助政府机关来安排，但在政府机关的影响下，访谈很容易变成座谈。从方法论的角度讲，座谈效果很不好，因为很多人坐在一起，他们之间存在复杂的权力关系，这些人在一起会产生各种各样的问题，他们彼此之间是有冲突的，有时从始至终只有领导一个人在发言，说的都是一些冠冕堂皇的话，没有我们想了解的信息，因为他周围都是自己的同事或下属，很多话不方便讲。因此，关于访谈的原则，我认为最基本的原则是应该尽量一对一，一个一个谈，不要把大家都聚在一起。但这也分情况，比如体制内的人员访谈，检察官、法官有些是有纪律的，不能单独接受访谈，一对一时受访人会有顾虑，所以就存在同时有两个受访人在场的情况。但我的原则是尽量一对一、面对面地谈，最多不超过两个受访人。

访谈的另一个原则是，做访谈时尽量到受访人的工作场所。原则上讲，能到他们的日常工作场所是最好的，当然也有例外。这样做有两个好处，一是可以还原受访人在其工作场所时的状态，充分互动，增进对受访人的了解；二是到受访人的工作场所还可以观察其工作环境，比如受访人摆了与其女儿的合照、一部书法作品等，这些细微的东西可以让我们更好地了解受访人。我给大家举个最直观的例子：有一次我在河北一个农场访谈两位律师，他们的办公室在一座小楼的二楼，两位律师说了很多，其中很重要的一点是说他们现在的法律咨询是免费的，只有签代理协议时才涉及收费。我认为这是个很好的事情，就说能不能带我参观一下这个律所，结果我们下到一楼接待当事人的地方，看到一楼有张桌子上放着个牌子，上面明晃晃地写着四个大字："咨询收费"。当时那位律师看到了那个牌子，很不好意思地把牌子反过来了，但我还是看到了。这个是很直观地可以看到的。如果我把他们约在一个饭馆访谈，他说的什么，我很可能就都信了。所以，要到受访人的工作场所中去，观察他们工作的环境，这是一个很重要的方面。

关于访谈时的技巧,我今天讲的是一些很原则性的方法,一旦要实际做起来是不太容易的,需要大家去慢慢摸索、慢慢总结。有时候遇到一些人,他们很爱说,说得很多,可能效果很好。还有些人很想跟你讲,但是你发现你没办法跟他们交流,可能是成长的环境不同,大家的文化背景不一样,虽然是一个国家的人,但说的也不一定是同一种语言,比如,一个云南人到浙江去做研究,是听不懂那里的方言的。我之前到甘肃一个县城做调查,县城里的人说的话和普通话完全不一样,他们平时也都不说普通话,即使他们跟你说普通话你也听不懂(笑声),到了后来我不得不要一个翻译。所以说,语言也是一个可能存在的问题。

另外,访谈是人与人之间的交流,不是机械的问答,应当是双方对话相谈甚欢的感觉。那么,怎样才能找到这种感觉呢?一个重要的技巧就是:不要开门见山。绝大多数情况下,不要一上来就问你想问的问题,前五到十分钟是一个预热的阶段,这个时间尽量问一些无关痛痒的或者不容易招致警惕的问题,聊聊受访人的学习经历或工作经历,这些其实很关键,了解一个人的生活史本身就很重要。比如受访人现在做法官,是与其之前的经历相关联的,了解一下这些经历,可以降低受访人的警惕性并且增进双方的信任感,可以拉近双方的关系。同时,要找一些两个人之间的共性,缩短距离感,等受访人放松下来不那么拘谨了,然后再进入正题,开始问想要研究的问题。但这时候也要切忌问题僵化。比如不要用"第一是什么""第二是什么"之类的问题,要尽量保持问问题的流畅性,使问答变成两个人之间的自然对话,避免对话的中断。另外,还要注意在谈话中根据受访人的回答不断调整问题。比如,有的受访人的话很短,在这种情况下,可以请他举个例子或说个案例,这些都是很细微的东西。总之,就是要努力找到一种相谈甚欢的感觉。

还有一个问题是关于受访人的。受访人有两种,一种是对访谈没兴趣,访谈对他而言是个负担,或者你会有被受访人打发的感觉。一般这种受访人是会有点轻视你的,觉得你一个学生或者你不是干这行的,你懂什么啊。这种时候该怎么办?美国人有个词叫做"play smart",就是你要显得很聪明或装得很聪明。你要问一些非常有针对性的问题,让受访人觉得你对这个问题是很专业的、是思考过的,不是什么都不懂。另一种访谈中容易遇到的是受访人特别爱说和能说,但说的话很不靠谱,恨不得把他所有的经历都告诉你。碰到这种人怎么办?这时你要打断他,一是发现他说的话离你的话题很远的时候要打断他,二是要适时有限度地打断他。

做访谈有时候并不能百分之百地判定哪些东西是有用或没用的。举个例子,2004 年的时候,我在北京一个商务律师事务所访谈一位合伙人,当时我已经做了关于那个题目的不少访谈了,而且这个合伙人跟我很熟,跟他谈我觉得肯定是一个很有收获的访谈,结果进他办公室之后,他跟我说了一些完全不相关的东西,让我很失望。但是,我回到学校之后开始整理资料时,发现他说的一些当时我觉得没有用的东西其实非常重要。后来我论文里非常关键的一个观点就是从当时和这位合伙人的谈话记录中悟出来的。所以,当受访人跟你说一些表面上看起来无关紧要的东西时,你也要原原本本地记下来,因为有用与没用并不能当场就判断出来,而是要等到你把所有数据收集起来之后进行分析的时候,才能判断出来。当然,当受访人所谈的东西跟你的问题一点关系都没有的时候,你要适度打断他。对于这种受访人,要忌讳的一点就是,不能像问那些不爱说话的受访人一样问一些非常尖锐的问题,让他觉得好像你都懂了,因为这些受访人很爱说,当他说的时候他是有表现欲的,如果你的问题让他觉得你都懂了,那么他那种想说的欲望就会少很多。所以对于此种情况你要做"play smart"的反面,叫"play dumb",就是装傻。即使你很懂,你也要装得很不懂的样子,这样可以满足他的表现欲,让他说得更多。

访谈过程中很重要的一个临界点，就是有些人在访谈中间开始跟你诉苦了，这就说明受访人已经放下戒备，对你很信任了，这时候你再问什么尖锐的问题都没关系了。当然这个技巧需要在实践中去慢慢摸索。

访谈还有一个最基本的原则，要注意保护受访人的姓名、单位等个人信息。学者不是私人侦探，我们做实证研究时的伦理要求，是要尽最大可能避免对研究对象造成损害，因此不能随便透露受访人的个人信息。

时间有限，参与观察我就不谈了，留给其他几位更有经验的老师来谈，接下来我想简单谈一下历史文献分析。这个方法不太受重视，很容易被忽略，在中国当代法律社会学研究中用得非常少，但这实际上是非常重要而且很有前途的一种研究方法。首先，它成本很低。作为学生，没有那么多钱也没有那么多时间和精力在全国各地到处跑。而历史文献分析在图书馆就可以做，但是很少有人做，甚至根本没有人做。我给大家举个例子，是对这个方法的一个运用。2007 年我在《中国社会科学》上发表过一篇文章。[①] 这篇文章中所用的材料，就是来自于对历史文献的分析。我用的资料是来自《民主与法制》杂志，这个杂志从 1979 年到现在都在办，其中有一个栏目主要是律师回答读者的来信，这个栏目到现在一直都存在。我把 1979 年到 2003 年这 25 年间的 2000 多个案例的读者来信都收集起来，因为没有电子版，我到北京的国家图书馆跑了 8 趟，把这 2000 多个案例都复印了，然后做了一些分析，包括定量和定性分析，主要是看律师在回答读者问题时，对同类案件在不同时期有什么不同的表现。

---

① 刘思达：《当代中国日常法律工作的意涵变迁（1979—2003）》，载《中国社会科学》2007 年第 2 期。

因此，做实证研究并不一定是一个劳民伤财的方法，历史文献分析就是一个相对比较经济实惠的方法。当然，我所说的历史文献并不是二手的学术文献，比如我们的《人民司法》《人民检察》《人民法院报》等，这些刊物上有大量的数据，发表的文章有很多访谈，或是先进事迹介绍，或者会定期公布一些数据和统计资料，如果真正有心的话，把它们都收集起来，就可以做出非常好的研究。我非常推崇的一项研究，我认为是近三十年来研究当代中国法制最好的几本书之一，是昆明理工大学何永军老师的博士论文《断裂与延续：人民法院建设》[①]，他把《人民日报》近三十年所有关于司法的文章都看了一遍，这种研究花的钱很少，但花的功夫很多，会有"功夫不负有心人"的成果。但使用这样的一手历史文献资源来做法律实证研究的人很少，尤其在中国。所以，对于大多数学生来说，大家可以多想想自己身边可利用的资源，比如图书馆，就是一个很好的地方。

## 互动环节

**学生提问**：请问您对录音这个问题是怎么处理的？有些什么分类？比如有些人会让您录，但也有些人不让您录的话，您就自己记吗？还是有些其他的方法？

**答**：这是个技术问题，也是个很重要的问题，很多人都问过我。每个人的方法不一样，我个人的原则是：从来不录音，我都是拿纸笔记。为什么呢？录音的最大好处当然就是非常精确，你能把说的东西一字不差地记录下来。但问题是，你把一个录音装置或现在有录音功能的手机往那一放，受访人就会很紧张，即使你

---

① 何永军：《断裂与延续：人民法院建设(1978—2005)》，中国社会科学出版社 2008 年版。

跟受访人是很熟的朋友。就像我刚刚说到的，访谈要营造一个相谈甚欢的氛围，你把一个录音装置放在那里是会影响效果的。当然，你要做一个大的座谈是可以录音的。此外，录音还有一个最大的问题是，要把你录的音原原本本整理下来，这要花大量的时间。大家要对人类的记忆力有信心（笑声），我用纸笔记就是让人家知道你在记，不过如果是纸笔记录的话，要尽量在24小时内整理出来，否则很多东西就忘掉了。当然，很多人是用录音的，但是我觉得要保证录音不会对访谈产生实质性的影响。

**学生提问：**刘老师您好，我访谈的对象是身边的老师、同学、老人和一些农民工们。我想问的是，只选择我身边熟悉的人作为我的受访对象，是不是会对我的研究有影响？这些对象是不是缺乏代表性？

**答：**这是个非常好的问题，是个关于抽样的问题。定性研究没有严格的抽样标准，但并不等于说没有抽样问题。比如要研究昆明周边农民的拆迁问题，你家在农村，如果你就只调查你家那边的农民，认为这就代表了昆明农民的拆迁问题，这当然是不行的。再比如性别，只访谈男律师而不访谈女律师，性别比例就不协调。要考虑变量，要做到相对有代表性。当然，也不要觉得和熟人谈就是不好的，而是要充分利用好与你相熟的人的关系，但是也要考虑总体样本的代表性问题。

**学生提问：**刘老师您好，在面对不同的访谈对象针对同一个事件的访谈过程当中，可能被访谈的对象会有他们自己的一些表达，这样的一些表达当中，可能带有他们的一些主观意向或情感体验，那么，您如何从不同的访谈对象对同一事件的不同回答中，寻找事情的真相和它背后的社会联系？

**答：**这是一个非常深刻的问题，很难一两句话说得清。首先，做访谈要“进得去，出得来”。开始时你会发现很困难，做多了就会发现，要学会用受访人的方式来思考问题，这样才能从他的角度理解他的行为,这就是所谓要“进得去”。另一方面,也要“出得来”,你不是受访人的代言人。我的导师给我说过一个道理:要明白做田野调查的过程,不仅是你了解受访人的过程,也是一个你了解自己的过程,它是一个有反思性的互动过程。研究时间长了,你会发现你不但了解了他们,你也了解了你自己,你是一个什么样的人,你对这个问题是怎么看的,在面对这种问题时你会是什么感觉?要具体情况具体分析。

**学生提问:**刘老师您好,如果运用历史文献分析方法,研究法律制度下一个具体的制度,比如,对刑事诉讼法中的和解制度或量刑制度进行分析的话,要怎么做呢?

**答:**和解制度是个很新的东西,你可以看一些相关的文章,从文献的角度说,可以看《人民法院报》之类的报纸,还要看一些公共媒体的报道,开始时可以尝试通过关键词搜索等。另外,和解制度现在积累的素材还不是很多,你要多注意刑事司法实践中关于和解制度的具体情况。

## 延伸阅读文献

- **著作**

刘思达:《割据的逻辑:中国法律服务市场的生态分析》,上海三联书店2011年版。

- **论文**

刘思达:《当代中国日常法律工作的意涵变迁(1979—2003)》,载《中国社会科学》2007年第2期。

刘思达、吴洪淇:《法律边疆地区的纠纷解决与职业系统》,载《社会学研究》2010年第1期。

苏力:《法律社会学调查中的权力资源》,载《社会学研究》1998年第5期。

# 比较研究与抽样

刘　本

刘本(Benjamin van Rooij),男,荷兰人,美国加州大学尔湾分校梁仕源·梁秀莲中美商业和法律研究所(the John S. and Marilyn Long US-China Institute for Business and Law, University of California, Irvine)首席教授、主任,同时任教于法学院。主要研究兴趣包括立法、执法、守法、获致正义、法律与发展及法律赋权。出版有 *Lawmaking for Development*, *Explorations into the Theory and Practice of International Legislative Projects* 等著作,在 *Columbia Journal of Asian Law*、*Law & Policy*、*Pacific Rim Law and Policy Journal*、*Journal of Legal Pluralism*、*The Journal of Contemporary China*、*Journal of Environmental Management* 等英文学术期刊发表数十篇论文,部分论文被翻译成中文在《思想战线》《洪范评论》等中文刊物上发表,并被《新华文摘》、中国人民大学报刊复印资料《法理学、法史学》全文转载。

大家好，首先要感谢云南大学法学院、王启梁和侯猛等朋友安排了这么一个课程，这是一个很好的机会，可以和一些年轻学生、法律社会学的学者交流。

我刚把我原来想讲的题目改了一下[①]，一个原因是我听了刘思达老师讲的内容后，发现他所讲的和我想讲的有一些关系。但他没有讲另外两个问题。所以，如果你们对如何就敏感问题进行访谈感兴趣或想做研究，可以在互动环节提问。

## 一

我要讲的是"comparison and sampling"，即比较和抽样问题。我开设的一门课叫《比较法律研究》，它不是比较法。它是什么？它是怎么比较 A 与 B。我问我的学生谁要做比较研究？大部分说："我不做"，因为他们觉得比较法是比较一个国家与另外一个国家的法律。但是，不做比较的话，能不能做研究呢？我觉得，所有的研究都是做比较的，包括理论性的研究也都是比较一个理论与另外一个理论，实证研究肯定是比较性的。你在研究一个案子时，都会通过与已经存在的一个理论做比较，说明这个案子是什么。同样，在一个个案中，你可能访谈了很多人，并且，你还会比较你所访谈的人所讲的东西，所以比较是不可避免的。但

① 编者注：刘本教授原来准备的演讲题目是"如何运用话语结构对敏感问题进行访谈"。

是我们有没有学过比较呢？我觉得我们大多数人其实都没有学过，特别是法学背景的人，我们需要学一些比较的方法。因为，比较也是有其方法的。今天要讲的这个问题有些抽象，其概念来自比较政治学。

最核心的问题是 how to compare？怎样做比较？另外一个问题是：我们为什么要做比较？如果我们研究的目的不一样，那么，比较的方法也不一样。这一点很重要。

首先，要对什么是“比较”进行界定。我的定义特别宽，比较是针对两个或多个的案例（cases）。我用“case”，它不一定是具体的案子，有可能是理论，也可能是思想。最后的比较是看它们在哪方面有共同点，在哪方面有区别。一般来说，比较不只是共同点，也不只是区别，要从两个方面来做，这是抽象的。所以最重要的概念是 case。有一本很有名的讲比较方法的书叫做 *What is a Case*[①]，“什么是案例”是开篇的一个核心问题。

所以，我的第一个问题是 what is my research question，即我想回答一个什么样的问题以及我的研究课题是什么。第二，在我的研究范围以内，什么是一个 case，在什么地方定位我的 case，为什么这样界定。第三，what is the population of cases？即什么是 cases 所归属的那个“总体”集合？在有的研究中，这个 population 很简单，很容易。[②]例如，做一个问卷，如果你把每一个回答问卷的人当做一个 case，全中国的人可能都属于能够回答这个问题的“总体”，这是一个很宽的研究。但是，在进行定性研究的时候，这个问题会更为复杂，因为一个 case 可能不是回答问题的个人，而是某种行为或者一个事件，这时候你要如何界定这种行为或者

---

① Charles C. Ragin, Howard S. Becker, *What Is a Case: Exploring the Foundations of Social Inquiry*, Cambridge University Press, 1992.

② 编者注：population 是指统计中所要研究的对象的全体。

事件的总体呢?

接下来讲一些比较的种类。首先根据案例多少,是一个案例,一些案例,或者是很多案例?案例多或者少各有好处和不足。比如,比较中国、美国和印度3个苹果[①],但是这3个苹果是什么,很复杂,因为下面还有很多较小的苹果。比如研究3个餐馆的食品安全问题,会有同样复杂的因素。所以把一个案子打开来看,会有很多更小的问题需要探究。这是从一到多的问题,所有的研究都有这个问题。

经验性的研究都是比较的研究,一种是在实验室,另一种是在现场。比较研究的一个重要目的是确定因果关系。为了达到这个目的,在通常的情况下使用的方法是,改变一个因素,然后观察其变化。比如,我们做一个酸奶昔,第一次只用香蕉,我们觉得很好吃,而后加一个橙子,我们觉得不好吃了,这可能是由于橙子的因素,这个比较很简单。然而,这只是理论上的,实际上很复杂。如果酸奶昔只有一个方面一样,其他方面不一样,而我们觉得味道差不多,那么就是这个一样的因素在起作用。然而,真正的生活中更复杂,因为即便每一个酸奶昔中都有香蕉,这些香蕉也可能是不一样的。再比如说,有四个米线馆,这四个米线馆肯定是不一样的,可能老板不一样,一个是红河人开的,另一个是昆明人开的,可能一个生意很好,另一个生意不好,有很多条件。那么,怎么定义一个案子呢?原来觉得都差不多,但深入以后发现还是不一样的,是比较复杂的。

一般来说,定量和定性的区别是看案子多不多,多的话是定量分析。但是更重要的区别在于做不做条件分析(factorial analysis)。回到刚才的酸奶昔的例子。有两种酸奶昔,如果你做条

① 编者注:刘本教授将案子比作苹果,下面会有很多类似的比喻。

件分析，就要看它健康不健康，维生素多不多，颜色好不好，用的水果新不新鲜。再比如，餐馆的食品安全问题研究，条件（factors）可能是收入多少、组织文化、法律意识、顾客等，这些都影响遵守食品安全法的程度。而难处在于，你只能比较你能确定的条件，未确定的因素你不能比较。这就是案子的比较方法。

做这样的比较不容易，虽然可以按照你确定的变量（variable）去比较，但是这会丢失你原来研究的深入和丰富的程度。我们经常碰到这个问题，在进行案例分析时，要如何发展一个结论，有一种方法是，把每一个案例写下来，然后看看有没有可比较的因素，首先做案例比较，再做条件分析。

## 二

现在我们谈谈为什么做比较，因为我们经常忘记研究有不一样的目的，这会影响研究的方法，也会影响研究的效果。首先要问我们为什么做这个研究。研究的目的往往不一样。我们主要想理解和描述我们不了解的甚至完全不知道的东西，这个很重要。我举个例子，有人研究中国司法腐败的问题，访谈律师的时候，如果他问了一个“怎么样”（how）的问题，会使这个问题很丰富、开放；如果他问了一个“为什么”（why）的问题，可能会使这个问题的分析深入一点；然后会有判断——好与不好；最后是提出对策。中国的学者可能主要做最后一个问题（提出对策）的研究，同时，稍微做一下前三个问题的研究。然而，我认为第一个问题才是最重要的。

有的研究是为了解决问题；有的研究是验证一个理论的真伪；有的研究是为了发展新的假设；有的研究是为了综合一些理论；有的研究是为了描述一个理论。所以从比较的角度来看，关于提出对策的研究中如何运用比较,我认为最好是把所有可能的对策方案都有所研究之后进行比较。同时,我认为最好的研究是经验研究,特别是现场的经验研究,但是好的经验研究通常依赖对案例的研究。如果你有一个理论,想验证这个理论对不对,首先你要抽样,看一下这个理论描述的案例是什么,然后和这个案例比较,如果所有的案例都被这个理论涵盖,那么这个理论就成立。如果有例外的案例,那么你可以发展新的理论。假设也是这样,你去找一个跟理论不一样的案子,这种比较只需要一个案例,而验证理论需要很多案例。

大部分研究中都有比较,我们比较什么,案例是什么,限制是什么,其中,最核心的是如何选择案例。因为,你不能比较不可比较的东西。有的人说橘子和苹果不能比较,是这样吗?再比如食品安全,对于餐馆的食品安全与家庭的食品安全,有的人说不能比较。我认为,如果你想比较关于规制餐馆的法律,那么前面所说的这个比较当然不太行得通。但是如果你想比较食品安全意识,那么这个就是可比较的。所以能不能比较,是和你研究的内容有关。最好的一个例子是摩尔 1973 年发表的一篇文章,比较坦桑尼亚农民的土地管理和纽约的服装行业。这个怎么比较?虽然看上去完全是两回事,但是她想问的问题是自发形成的规范和国家规范的不同,这两个案子虽然不一样,但放在一起却正好能够说明这个问题。

怎么抽样,怎么选择你的案子?守法研究我做了很多,其中一个是关于律师事务所开不开发票的问题。我觉得,如果中国律师开发票,那么会让人们觉得很奇怪,因为大部分中国律师都不开发票,而且大部分律师认为税务局针对律师的税很不公平,相关的法律也不平等。如果你将守法理论用到这个领域,就会发现一些问题,大部分律所不开发票,但是也有律所开发票。所以我的抽样是去找守法的律所,如果有律所开发票的话,会跟我们既有的理论很不一样。这是第一个原因,第二个原因是我想讨讨偷税的问题。所以这是个很好的问题。如果我能发现为什么,可能这个结论能帮助我理解这个问题。

大部分现在的社会科学家,会说这样的研究是不可以的,不可以按照结果来选择研究的对象与问题,因为这样的研究已经有了一种结果的预设。但我个人觉得,这要看你的研究目的是什么。如果你的研究是想找到一个解决办法,你就必须要先找一些关于解决办法的案子;如果你的研究是想发展一个新的假设,你就必须找一个我们不懂的案子,我们不知道它的结果。定性研究和定量研究的逻辑是不一样的。

再看 selection bias(样本选择偏差)。这有时候是个问题,有时不是个问题而是一种策略。我举个例子,两年前,荷兰有一项关于保险的新政策,政府已经分析了法律对收入的影响,发现有的人收入增加 6%,有的人减少 6%。政治家、报纸都在谈论这个问题。对多数人来说,这个政策没有问题;但对于弱势群体来说,这个政策很不公平。所以如果选择研究只占小样本量的弱势群体,并不是一种偏差,而是一种策略。

让我们来看一看不一样的案例选择策略及其可能性。第一是选择全部的样本,这是最理想的,但这通常不可能。比如我的一个博士生在做一个关于中国污染防治 NGO 的研究,这样的机构没有那么多,可能只有 30 家左右;我刚做了一个关于检察院的环境公益诉讼的研究,这样的案子只有 25 个。这种案例选择是比较理想的,但不是所有的研究都能选择到全部样本。第二个是随机选择的方法,这个不用介绍。第三个是典型个案,这样的案例有代表性。你可能对极端的案例感兴趣,故意选择和理论相反的案子,这样的策略也很有用。比如说关于律所开不开发票的问题,我选择能力很弱但依然守法的案例。这样的策略选择都有着它们自己的逻辑。

我觉得最重要的是:把你的研究目的和选择策略结合起来。比如说,你要解决一个问题,你要选择一些代表性的案例;如果你是要检视一个理论,你最好是随机选择;如果你是发展一种假设,你需要极端的案例。

## 互动环节

**学生提问:**老师好,您觉得做一项比较研究,最需要注意的问题是什么?

**答:**我觉得非常重要的问题是,首先要明确地知道自己的研究目的是什么,受到的限制是什么。我们经常做比较,但经常不知道怎样比较;我们选择案例,但是可能没有一个选择案例的策略。你有选择案例的策略后,很可能这个案例没有代表性,但是,你应该考虑代表性对你的研究来讲是否重要,或许你的研究并不需要追求代表性,重要的是你要清楚为什么选择这个案例、要达到什么目标。我们的研究永远达不到理想的水平,但是对于研究的条件限制、局限,你应该诚实地写下来。

**学生提问:**您说到描述很重要,我的问题是描述究竟是什么,如何描述?

**答:**这个问题很有趣,大部分人觉得这个很简单,甚至认为描述是不必要的,特别是在法学界,他们往往觉得有理论、有判断、有结论就够了。相反,我认为描述对于研究来讲非常必要。我所说的描述,至少包括两个方面:一是对研究过程的描述,比如如果你用问卷,那么就是怎么设计、发放、回收问卷等问题;如果是一项定性研究,那么就是怎么进入、完成调研的等问题。二是研究中的发现，尤其是对事实、现象的发现，应该清晰地呈现给读者，当然也包括调查的局限和可能遗漏的问题。描述的前提是观察、访谈，特别是观察很重要。但是观察很累，因为你要详细写下观察到的东西。而且对很多人来讲，因为参与观察要投入很长时间，效率不高。我在一个村落中做过村民的环保意识研究，要待半年之久，而且会被质疑只有一个村落，没有代表性。

**学生提问**：您之前所拟定的课程是关于敏感性问题的，我不知道您所说的敏感和我们所说的语境是否一样，比如说政府认为的敏感问题，所以我想问的是您所理解的敏感性问题是什么？

**答**：首先，政府当然是敏感问题，但敏感问题不只是政治性的，也有社会性的，也有私人性的。敏感问题跟访谈者和被访谈者都有关，我的朋友问我私人性的问题，我会回答，但陌生人问我，我不会回答。还有一个是关于意识的，这方面我们往往会忽视。我们在村落中了解村民的环保意识，如果我们问："你觉得这里的环境怎么样？"这个发问实际上已经影响了他们的回答，我们还能够得到他们真正的想法吗？我们要用另外的办法。我研究的东西大部分都很敏感，但不是政治方面。我觉得做政治敏感的研究，几乎不行。所以做研究时，如果敏感度太高的话，我要调整我的问题和研究。此外，还要问，这个研究的后果对被访谈人好不好，如果不好，要找到一个保护他的方式。这需要方法，观察是其中一个方法。另外一个方法是问卷，好处是你可以改写原来很敏感的东西，成为很简单化的东西，同时，他见不到你，可能更容易说实话。不好的地方是，它很可能跟你原来的设计没有任何关系或关系甚远；同时，也可能由于你见不到他，他更容易说假话或者你无法察觉他说了假话。

## 延伸阅读文献

### • 著作

Charles C. Ragin, *The Comparative Method, Moving Beyond Qualitative and Quantitative Strategies*, Berkeley, California: University of California Press, 1987.

陈向明:《质的研究方法与社会科学研究》,教育科学出版社 2000 年版。

### • 论文

〔荷〕Benjamin van Rooij:《法律的维度——从空间上解读法律失败》,姚艳译,载《思想战线》2004 年第 4 期。

〔荷〕刘本:《发展背景下的污染监管:中国的立法、守法、执法状况及与其他国家的比较研究》,载《洪范评论》(第 9 辑 · 发展与创新),中国法制出版社 2007 年版。

〔荷〕刘本:《致穷人的司法——自下而上的法律发展合作》,载《洪范评论》(第 11 辑 · 法治与获致正义),生活 · 读书 · 新知三联书店 2009 年版。

〔荷〕鲁本:《执法缺失困境中的绿色工业——对世界银行的发展中国家污染监管模式之评鉴》,杨帆译,载《东方法学》2012 年第 4 期。

〔美〕萨利 · 穆尔:《法律与社会变迁:以半自治社会领域作为适切的研究主题》,胡昌明译,载郑永流主编:《法哲学与法社会学论丛》(七),中国政法大学出版社 2005 年版。

# “田野八式”与人类学的田野研究

赵旭东

赵旭东，男，中国人民大学人类学研究所所长，教授，博士生导师。中央民族大学兼职教授。1998年获得北京大学博士学位，师从费孝通教授。先后任教于北京大学社会学系（1998—2005年）、中国农业大学人文与发展学院社会学系（2005—2011年，曾任该系系主任）。2002年至2004年之间，先后在英国伦敦政治经济学院（LSE）以及荷兰莱顿大学从事访问研究。曾兼任《中国农业大学学报（社会科学版）》常务副主编、执行主编（2007—2011年）。研究兴趣主要包括：（1）乡村社会结构与纠纷解决过程的法律人类学研究；（2）中国意识与现代中国观念的成长；（3）民族地区习惯法的社会、生态与文化机制的比较研究。先后发表中英文论文百余篇，代表性著作为《权力与公止——乡土社会的纠纷解决与权威多元》《否定的逻辑——反思中国乡村社会研究》《文化的表达——人类学的视野》《法律与文化——法律人类学研究与中国经验》以及《本土异域间——人类学研究中的自我、文化与他者》等。

今天在这里要讲的题目是关于研究方法的,我愿意贡献一下人类学的视角。

我认为做研究跟生活、工作一样,都需要工具,人类学提供的就是一种展开实地田野研究的工具。但这工具又不是简单的工具本身,实际上任何一个工具背后都是有哲学的,如果没有背后的哲学,肯定发展不出精致适用的工具,尽管这种哲学不一定都能明确写下来。比如车轮为什么是圆的这样一个问题,最早的人类可能没有想到车轮可以是圆的,后来随着人类认识能力的提升,才发现车轮做成圆的会比较好。各种工具背后所隐含的哲学思想是什么,这可能就是各大文明史研究的一部分。同样,在中国,因为有了毛笔这个工具,才培养出中国那套“士”的风范,或者至少是一个影响的要素。现在我们每天都像工人一样在敲文字,智能化的工具越来越缺少毛笔的那份儒雅的魅力,这也可能是使得日常的生活变得单调、无聊和乏味的原因之一吧。

## 一

回到我们今天的讨论主题上。在人类学研究中,方法是非常重要的,特别是这里要论述的田野研究方法,它成了现代人类学的看家本领。显然,人类学跟别的学科不一样是因为它有“田野”,其他学科学习这种田野工作的方法,就变成了各种人类学的不同分支,法律人类学当然也不例外。只要是在谈到这个田野工

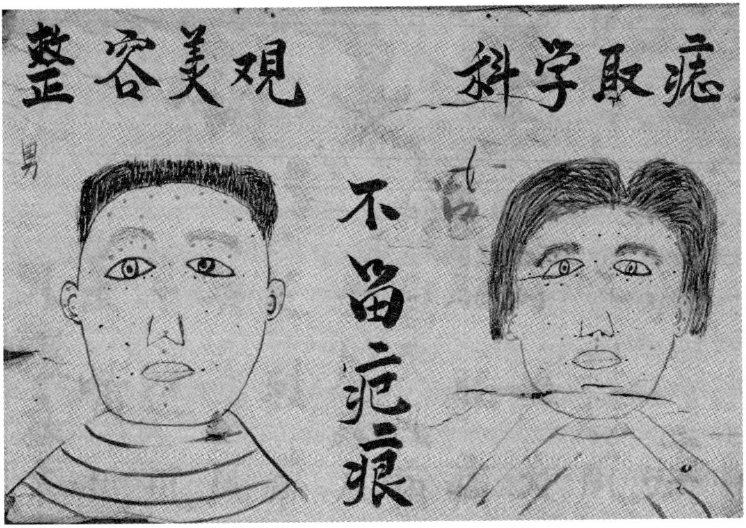


图一　科学取痣(赵旭东 2011 年 5 月摄于四川大邑县老街)

作的方法时,每个人类学家都可以很自豪地对别的学科的人说:“那是我的田野,我待了一年,你没有吧,那就得听我的”。

说到田野研究方法,我想,最好的方法和工具都应该是自己专门制造出来的。但方法上也存在一些共性问题。这其中,最为重要的一个问题是,什么是人类学的田野工作?实际上很简单,那就是你要在现场。这是人类学的一个基本原则,特别是针对现代人类学而言。在这一点上,人类学家不同于社会学家,人类学家要去感受,可能有时一句话都不说,但是观察到的却很多,这就是身临其境的参与观察。参与观察中有很多的人造物,从人造物中可以发展出很多有意思的故事。比如我在四川大邑县老街上拍摄的一张照片中,一个老人在做生意,一个墙上挂着的牌子上写着“科学取痣”四个字(图一)。(笑声)这时候人类学家就需要反思,这里的“科学”两字指的是什么意思?很多人会说,要相信科学,好像传统的那些方法就是不科学的。但实际上,科学归根结底是一种效用,在田野中所观察到的"科学",看起来并不是那么清楚,不像是实验室里的实验出来的那么科学。但对普通百姓而言,科学不科学,关键问题是有没有更多的人在用这位老人的药,如果有,那就是有效。这就是我们接下来会讲到的生活世界中的灵验的问题,它很值得细致的研究。①

## 二

我曾经讲过两三个学期的"田野工作方法"这门课,为了便于知识的梳理和对田野工作的理解,我曾专门对此一方法的内涵做了一些知识上的整理,算是对这样一种方法的中国意识的总结。我把它称为"田野八式",(笑声)也就是田野工作的八种程式或方法,这分别是心存异趣、扎实描记、留心古旧、知微知彰、知柔知刚、神游冥想、克己宽容以及文字天下。在我看来,至少可以从这八个方面去对人类学的田野工作方法进行一种归类,便于我们的学生理解和掌握。下面我就很简略地说明一下我眼中的这些田野工作方法的实际意义是什么。

第一个就是"心存异趣"。显然,一个人对于外部的世界如果没有任何的激情,是不可能做人类学的,或者不可能会有社会科学的原创性的发现。这里一个人的内心世界是最重要的。你对人类学感兴趣,首先就要对一个跟你每天衣食住行不一样的世界有一种兴奋感和激动感,这是人类学家基本素质测量的一种指标。我们招学生的时候,有时就会问一些这样看起来不着边际的问题,比如:"你吃老鼠肉吗?"假人类学家气质的学生就会回答说他不吃,因为他对这个动物心生厌恶;聪明一点的学生就会回答

① 赵旭东:《"灵"、顿悟与理性:知识创造的两种途径》,载《思想战线》2013年第1期。

说会吃，即使他不敢吃。不要认为这是后者在撒谎，这是为人处事的一种态度，你的不喜欢，并不是要直接地表露出来，而是要有一种宽容的精神，这也是一种人际交往的"礼"。可能人类学最值得大家研究的内容之一就包括这撒谎了，一个人一辈子如果不撒谎，这个人不一定就是个完人，尽管我们的日常教育中，不撒谎是很重要的一项道德品质，我自己也很赞成这种教育，只是我们在实际生活中要注意的是，从来都不撒谎的人是少之又少的。说白了，文化就是在各种谎言的衬托之下逐步发展起来的，因为任何的文化都强调其对社会的一种修饰作用，修饰说白了跟撒谎有结构上的同质性。因此，你可以做一项自我观察，大家应该是每天都在一定程度地撒谎，真真假假才是社会的常态，可以说撒谎是我们生活中很重要的一部分，我们将它叫做文化或文化的一部分。不要扭曲地去理解撒谎，要分辨什么是道德意义上的不诚实与社会生活意义上的宽容，这是很重要的"去田野之前"以及"在田野之中"的训练。

第二个是"扎实描记"，这个对于人类学家的基本功而言是极为重要的。"心存异趣"是人类学家的基本素质，转化成日常语言就是：你不要太认真。很多较劲认真的人就没有什么"异趣"。你如果对一个这样的人说，"你看那个女孩儿的屁股长得很好啊"。他就会说："你这个人怎么是这样——流氓。"（笑声）但是一个人类学家不能像后者这样去思考，因为只有不这样想才能真正考虑到人们对身体的看法，据说乡下的老百姓有一种观察身体的智慧，看女孩子就是看那个部位，然后再决定这个女孩子是否适合做自己的儿媳妇。换言之，恪守乡俗的人选择儿媳妇就是看那个地方，别的不看，他看你屁股大不大，背后想的是好不好传宗接代，这种看法就不是我们今天个体主义的人身伤害意义上的流氓的思考，（笑声）而是想着那里是管他们家族后代的事儿，也管祖宗的事儿，那就是很重要的社会大事了。在今天越来越把个体价值放在社会之上之后，这种趣味就变成是一种邪恶了，不能为社会接受，当然也就不能公开随便说这样的话了，说了就要负伤害的责任了。

可以说，有了上述这种专业要求的“心存异趣”的本领之后，“扎实描记”这一点就变得很重要了，正如马林诺夫斯基所说的“用科学的范式来规范你所描记的”。这一点非常重要，而这一点正是人类学自身成败所面临的一个重要途径，但并不是说“扎实描记”就是人类学的全部，它只是八式中的一种而已。你只要经历过这个过程，即写出一部属于自己的民族志作品出来，正如马林诺夫斯基写过《西太平洋的航海者》[1]之后，才知道为什么这种方法不是全部，是有它的问题的，我这里不展开细讲了。

描记扎实的程度不仅仅是靠访谈、录音以及录像等记录方式，还可能会有与人生活在一起的各类物品、各种空间以及衣食住行诸方面。有的时候，没有理解上的耐心之人，往往都会直奔主题，不太去关心这些细枝末节的事情，但实际上这些可能会更为有助于理解文化存在的真实形态，物比人撒谎的几率终究是小了许多。这种以物为中心而非以人为中心的研究未来会越来越多，因为这是一个越来越物化的世界，人为物所累，不能不考虑这一层的文化对人的存在的意义。今天的研究也越来越面向现实，而且现在的研究都是靠钱来资助的，没钱似乎就别谈研究。尽管这不是绝对的，但是做田野一定是有相当的金钱做支撑的。当然，完全靠钱支撑起来的研究既有好的，也有一般性的，甚至有很差的。但要做到原创性的不太容易，这往往是从来没有人碰过的主题，有的时候金钱不一定资助到那类题目上去，需要有风险投资的意识才能开展这类的研究。

由扎实描记而写出来的民族志中，《西太平洋的航海者》是一

---

① 〔英〕马林诺夫斯基：《西太平洋的航海者》，梁永佳等译，华夏出版社 2002 年版。

部典范。即一个人类学家,不必引用太多任何他人的文章,在一个小地方待上一年乃至更长的时间以后,把自己的扎实描记的观察像写小说一样写下来,并以一个作者的主体存在去做一种对发生的事件的叙事。但它和小说不一样,它是要保证是完全真实的。他的理论最重要的是"田野工作的科学取向",我称之为"实验室范式",实际上就是你怎么样去描述像科学实验室里发生的那些反应,只是这里关注的不是物和物之间的接触反应,而是人和人之间往来互动的行为反应及相互的关系结构,这有时甚至要比实验室里描记物理、化学的反应更为难于把握,所以在田野里待的时间也比较长,目的就是要去做这种准确的把握。最好的人类学家至少都要待上一年的时间以上,这似乎已成为了一个惯例。但应当记住:这种描记并不是最终目的或者人类学的全部,人类学更需要思想的发现,这种发现的路径往往都是从边缘的弱者以及微不足道的角度去挑战一些主流的、宏大的看法。马林诺夫斯基所做的一切就是试图去挑战当时占据绝对统治地位的理性经济,即他借助扎实描记所指出的"库拉交易"背后的非理性的经济。他告诉我们,人们之间的交换,不单单是人们通常所说的在西方现代社会中表现突出的等价交换、市场逻辑以及理性交换,很多时候人们之间的交换是非等价的,很多是具有象征性的。甚至可以说,"库拉"告诉我们的乃是我们耳熟能详的社会中的交换,这种理性的行为背后更多是非理性的做法或观念在做一种支撑,日常生活之中的礼物交换可能就是这种非理性的交换的典型。

人类学要求你一定要住在那里,而不是待在这里。去那里并住下来,这是保持和当地人有一种融洽关系的前提。这一途径很难把握,需要时间。但今天,很多人试图用钱来完成,用钱雇人做访谈,再分析二手的访谈资料。这种方法在课题满天飞的今天也许是一种做快速研究的通行潜规则,但它在人类学家看来绝对是没有办法的下策。换言之，真正的人类学家不大可能会这么做，不会把这当做是标准，而是用一些能使自己融入其中的办法，那才能够有真正的体验和对当地人生活世界的理解。你拿钱去做一种交换，但当地人不是都把钱放在第一位的，那你交换回来的就不是他们的真实想法。但显然这样的思路自身也在变迁当中。对于在中国从事田野研究的学者而言，特别是在乡下和在少数民族地区做研究，喝酒就是很重要的，甚至在我看来是第一位的。喝了酒，大家就是朋友，不喝酒，对不起，不一定不是朋友，但总是隔着那么一层，进不到当地人的世界里面去，那自然理解也就是差了一层。对于人类学的田野工作，要想有扎实描记，时间是最为重要的，因此人类学应该是时间的富有者，他可以尽情地在田野之中待上足够长的时间。大概在人类社会生活的各种时间节律中，年度的周期是一个相对比较普遍的周期性轮回的基础，即人们的社会生活就是按照这个周期来不断地重复的，因此在人类学中，待上一年的时间可能是一个惯例。在这个一年的周期里，人类学家有可能对当地人生活的各个方面给出一个总体性的描述。

另外，人类学还强调空间，即强调时空坐落下的聚焦观察。在这一点上，一个村落可能是容易把握的一个空间范围。它的范围往往大小合适，范围适中。比如做一个诉讼案件的调研，很多人就只是盯着法庭看有没有诉讼，但实际生活中，一个村里女人在街上叫骂，非要找出偷她家鸡的人，民间的纠纷解决不是一上来就上诉到法庭上去，由法官来说了算的，那你说这个街头骂人算不算她表达自己的正义理解的一种方式呢？而这是否转而又可以透露出来当地人解决纠纷的一种风俗呢？至少研究法律的人类学家会认为这算是一种表达正义的途径。还有，很多同学去乡下调查时，可能是不大会去关心厕所问题的，但人类学家就会关注这个偏僻的地方和人的社会生活的关系。我记得在汶川的羌族村寨里走访时,就发现好像自己不会上厕所了,因为,院子角落里就一个厕所,门没有插销,你正在上厕所,有人走过来了,那你怎么办?(笑声)老乡是这样做的,听到来人的声音,里面的人就咳嗽两声,这样事情就解决了。所以,你要学会他们的交往规则,这就是一种对于本土文化的理解。换到城市空间里,这一套就不行了。在这个意义上,法律实际上是从人们日常生活中延伸出来的,我们今天专门叫它"法律",是因为它本身太复杂了,是在复杂的社会里专门分离出来的一个领域,但在社会关系相对简单的村落生活里,法律实际是镶嵌在其中的,比如法律就可能是嵌入在当地的宗教之中。

我曾经读过王启梁教授的一篇文章,文中就提到了"琵琶鬼",他是从社会控制的角度去做分析的。[①]读这篇文章,对我来说,实际更为关心的是为什么这个正常的人会被界定为琵琶鬼。可能她之前曾经是个美女,年纪轻轻的,丈夫就死了,当地人在找不出元凶的时候,总会有这样一种归因,把全部的责任都赖在这个年轻貌美的女子身上,认为是由于她的超乎常人的美貌的原因,背后也可能是社会嫉妒的一种文化的表达。她本来就是一个不幸之人,却又被大家所羡慕,羡慕得不到,嫉妒也就会产生出来。这个演绎逻辑社会化之后,那里的人们往往都会把这种逻辑硬塞进社会的一种结构性安排中,形成一种整体的社会认知,进而会把这样无端发生的事情污名化地界定为"琵琶鬼"或一般意义上的"鬼"在做怪。换言之,任何一个社会,无论现在、过去还是将来,也不论社会规模的大小,都要在社会结构的意义上制造出一种"鬼"来,以泄"元凶找不到"以及"羡慕得不到"的私愤。比如

① 王启梁:《法律是什么——一个安排秩序的分类体系》,载《现代法学》2004年第4期。后收入王启梁:《迈向深嵌在社会与文化中的法律》,中国法制出版社2010年版。

我现在住的小区，过去只要谁家一遭偷窃，大家肯定首先想到的是院子里那些来来往往，样貌突出的农民工。实际上这些案件根本跟他们没有什么关系，但是我们污名化的对象总是那么少数的几类。因此，这个社会里有一套不言自明的逻辑，就是有一些人终究是要变成大家泄愤、宣泄和污名化的对象，只有这样，社会的一些紧张和危险才能从人的感受上得到一些消解。这种逻辑就是社会与文化的逻辑，而不是法律和宗教的逻辑。

第三个是“留心古旧”。所谓的“古旧”就是身边留存下来的各种事物。历史就是这样，当你一说话、一写字，它一旦留存了下来了，就会成为一个古旧的东西。但是，我们要从中分辨出来它们的存在与我们生活的关系，以及在这些古旧得以产生的那个时代当中人们可能的思维方式和行为方式。像我在这里所展示的

图二　作为礼物的毛主席像(赵旭东 2012 年 9 月摄于山东)

地契、毛泽东的头像等,这些在今天似乎都还可以不时在村子里的家户中看到。你看当时这个印有毛主席头像的照片是可以作为礼物来相互赠送的,现在如果我们再这样做,就会被认为不合时宜。不是那个集体意志高于个体意志的时代,是造不出这种交往的方式的。今天时代不一样了,个体觉醒的程度很高,超过了对于集体的认同,这时对于礼物的理解也就不一样了。

还有,对于各种遗存的建筑物也是一样,要把它们都放置在社会建构里面来加以认识。也许大家觉得中国的汉碑或者魏碑就是汉字,但是你要知道,这可是那个时代人们思考方式的一种反映,我们今天称它们为风格。比如拿汉隶来跟汉代建筑风格做一对比,思维方式的相似性就出现了。你从西安的现代仿古建筑也许能看出来一点,建筑像汉隶,汉隶又似那时的建筑,体现了汉代的一种在水平方向上不断去扩张、张扬的气魄。而再看看西方遗存的建筑,因为有天主教的长时间影响,观念中最高地位的是上帝,那是在往天的高处去追寻,并以之为崇高的居所,也就是跟天近而跟上帝接触。而看看汉代的建筑风格就知道,我们的文化是从平面上去理解这个世界的,虽然皇帝是天子,但他不是待在天上的,而是活生生地在人间统治着尽可能广袤的土地和人民,即古语里所谓的"普天之下,莫非王土;率土之滨,莫非王臣"的观念。

第四个是"知微知彰"。此语出自《易经·系辞下》,所谓"君子知微知彰,知柔知刚,万夫之望"。人类学强调对于微观之处的考察,并强调由这微观而生出来的意义上的差异。借用英国哲学家赖尔在《心的概念》里提到的"眨眼"的概念,我们应该清楚,眨眼本身实际上是一种生理现象,在这个层次上每个人都会表现得一样,具有人和动物的普遍性。但是从文化的意义上去考察,你又怎么知道这样一个眨眼动作是一个人因为真的迷了眼睛,还是在含情脉脉地向她的心上人暗送秋波呢?单单从生理学的层次上去做一种测量，这是测不出来的。但是，一个男孩儿看一眼一个女孩儿，是轻佻还是喜欢，他一眼就能看出来，大家也都看得出来，这就是文化里才能表达出来的共同意义，是很专门的一种文化的表达。在人类学里，自从格尔茨在1973年出版了《文化的解释》一书[①]，“浓描”的概念就成为人类学的一个很基本的概念，但是我在这里想提醒大家，实际上我们不要简单从“浓描”这两个翻译的文字的字面含义上去理解，它还可能有更为丰富的意思，或者说在这浓描之外还有一种中国人擅长的描写方式，就是“轻描淡写”，但轻描淡写并非不是另一种意义上的浓描。我们的文化里，至少有很大一部分人就是喜欢齐白石那种轻描淡写，那被称为意境，那已经就不一定完全是靠浓描能够反映出来的，反倒是淡抹更能反映出的一种意境。

当然，除了浓描之外，我们还要看到一些从蛛丝马迹的线索中引出来的东西。比如我们在城市中做民族志的话，就不像村落中那么清楚，也就是聚不了焦，现象似是而非，模糊不清，所以如何做城市中的民族志，方法就要随着转变，要追溯一种事件发生的线索，慢慢去做一种理解，这是我说的“线索的民族志”所要求的，对这个问题另有文章叙述，在这里不再细谈。不过举个例子可能会有助于我们的理解，当下北京的街头人行道上，到处都贴着“包小姐”的小广告。作为一个普通人你不理解这是什么意思，但如果你对此有好奇之心，那这小广告就是一个线索，依此不断地追溯下去，你就会理解这个广告和整个正式生活之间的关系，以及贴这些广告的人和消费这些广告的人之间的关系。因此，对一个大的且复杂的社会而言，实际上了解事情发生的线索是很重要的，通过这个线索，你不仅看到了城市的生活，还可能一下子把农村也联系在一起了，因为你如果顺着这个线索追溯下去，就到

---

① 〔美〕克利福德·格尔茨：《文化的解释》，韩莉译，译林出版社2002年版。

了某个村落里面去。这份广告的线索可能是从色情的角度反映了现在的一些人们在心灵上的一种追求，其中又把社会中存在的一些欺骗的因素累加了上来。那样，你对于城市某一部分人生活的理解就会逐渐加深，并逐渐扩大你的理解范围。

第五个是"知柔知刚"。显然这也是典出《易经》，这里想要强调的是一种刚柔相济的思维，既不极端也不走极端。心理学家威廉·詹姆斯曾经对于研究者的性格进行过一种分类，他说世上有两种人，一种是"硬心肠的"，另外一种是"软心肠的"。前者可以归到刚性这一面上来，而后者则可以算是柔性这一端。就我的观察，凡是那种做社会统计的人，一般都是需要"刚性"的"硬心肠"。而心存异趣的人类学家，往往更多有"柔性"的"软心肠"的这一面。当然，这也不是绝对的，只是个大概的分类，并且我们要追求的是真正能够将这两者统一起来的人。

第六个是"神游冥想"。这是关于人类学究竟追求什么样的一种境界的问题。开始那几项是要求大家趴下别站起来，做仔细的观察，就像观察两个蛐蛐儿打架，你要趴下去看吧那才清楚，看那里究竟发生了什么。但是到了这个神游冥想的阶段，就要求大家去做一种站起来的思考，这实际上跟费孝通先生晚年对于社会学这个学科发展的一些批评是有关系的。记得我那时还在北大社会学人类学研究所，1998 年 2 月 7 日上午，在费先生家里，费先生把研究所里的所有人都叫去了，实际是大家都在听他老人家讲话。费先生那时话里话外都是在语重心长地启示大家。他说的话，原文可以在他的文集里找到，今天回忆起来大概的意思是说："你们这些人都在干什么，难道趴下来就不再起来了吗？现在我们要站起来，别趴下，你们的脑筋如果跟不上时代的变化就不行，不能平面走，一个飞不起来的人，他的关系都是平面的，立不起来，现在我们的思想不但要立体化，还要有四五个维度的东西，你们看东西要看到里面去，不能从表面上看东西，不要记录下来就算了，背后的那个东西会抓住了就活了。”这并不是原话，是根据我的记忆做的复述。但这记忆对我而言实际上是很深的，我们现在很多研究者往往都是去到当地收集数据，然后以为这就是重要的个案资料了。很多人只是把个案罗列在那里，但这很显然没有什么解释的力量。

文化的背后既有近因也有远因，既有宏大的东西，也有细致入微的内容，这些都需要在我们的头脑里做一番仔细琢磨的思考，形成一种让读者感受到有所教益的启示，这也许就是一种费先生所谓的神游冥想吧。比如婚姻的问题，大家可能都觉得，如果相互不喜欢就不会结婚的。但是，我们看一些统计就会发现，比如英国在19世纪中叶到20世纪初的时候，统计结果就很清楚地表明，只要粮价一上涨，结婚率就上涨，粮价一落下来，结婚率就下降，看起来是个人的行为，实际上背后有一种社会的逻辑，这中间的关系需要我们动脑子去想才能想出来。所以，一个小小的村落如何和整个社会以及更大的文化联系起来，这就需要一种神游冥想的能力。因此，大家不要认为街头广场上的舞蹈就是锻炼身体的，古代人并没有这个概念，舞蹈最初是沟通人和上天的，这些沟通的动作慢慢地演化成了今天的舞蹈。我们在平面上趴着做田野研究的时候，最终需要有这种超越。文化理解的逻辑并不是一加一等于二。一个人就不敢抢银行，但如果有一万个人在一起，有人振臂一呼，可能就会做出来这种社会暴力的行为，只是在于这样一种群体行为是否真的有其发生的条件。比如小的时候一个人不敢走坟地，但是三个人一起就敢走，这不是一加一加一等于三，而是一种整体观念上的超越。再说一遍，一个村落如何跟整个中国乃至世界的文明联系在一起，这在今天是一个非常需要思考的大问题，这种思考会把人类学引向一个新的方向去。

下面讲一个我自己的例子，是关于我的庙会研究。你只有在庙里才能真的看到民间社会里人们怎样调解纠纷，这不是在法庭上的纠纷解决，法庭上是另外一种方式。你会看到庙会上有这种现象，华北叫“看香”，点着香之后，他会吞到嘴里，出来香还能燃着，这是他最基本的权威表达的方式，如果没这两下子，他根本不可能让人信服。在这里有一种三角形的关系，我把它叫作“灵的三角”，即如果香代表神的话，在看香的人和求香者之间就有一个三角的互动关系。你在庙会上会看到来看病的人，她会盯着这个跟她有关的香，香在被看香的人点着之后就是一个燃烧的过程，这个过程的所有变化都有着可解释的意义。当地人对这个细节的解释过程，对人类学家就很重要，要做一种扎实的描记。比如，当香燃烧从红突然变黑的时候，这个时候解释就变得很重要，看香的人对这个女士（求香者）说：“你家里有事情。”（我想农村妇女除了家里有事，还有什么国家大事吗！）这个女士脸色马上就变了，接着看香的师傅说：“你胃不好。”这个时候她的眼泪刷的一下就下来了。（我想胃疼和肝疼，农村人也不一定分得很清楚，但是腹部疼痛是能够感受到的。）然后看香的人就说：“这是实病，你也有虚病，家里有老人，你没有照顾好。”这个时候她眼泪就成行成行流下来。为什么？她自己就说了：“我婆婆躺在床上，我看见就烦。”这个时候看香的人会说：“你回去要好好照顾老人，这样虚病就好了。”我想经过看香的人的这番调解之后，她回去不会再对她婆婆不好了，不管是出于真心还是私心。最后，看香的人还会给她一点儿药，很便宜的，大概是治胃病的药，用来医治她的实病。老百姓在这方面是很实际的，你只要给她一个明确的解释，她觉得灵验了，就会非常相信你。这就是为什么一个宗教在农村会突然有许多信众的原因，背后就是灵验在起作用。当然也有不灵验的，那样的话，随后这种宗教或者庙宇可能也就逐渐衰落了。

图三 灵三角:香、看香的人和求香者
(赵旭东 2005 年 3 月摄于河北赵县范庄)

第七个是"克己宽容"。我认为人类学的核心就是对他者的研究,也就是对你生活之外或者对你而言陌生世界的研究。这里就有一种克己宽容品格的修炼。面对异样的世界,如何去克服自己的不舒服或者不愉快,然后平心静气地观察各种社会反应,这对人类学是很基本的一种学术品质。你去瑶山,当地人给你上山抓一只芒鼠来,那芒鼠看起来比老鼠还恐怖,个很大,说是煮来给你吃,这个时候你怎么办?(笑声)如果不吃,你就不可能进入他们的生活境遇之中去,也无法真正地了解他们的世界。在这方面,我觉得可能首先要克服自己的偏见和不宽容,这是"心存异趣"要加以解决的。还有比如住在北京地下通道里的那些人,基本上都是流浪汉,很少有人去关怀他们,更没有人会认为这样的生活方式是值得追求的。但真正好的学者往往都是一种"精神上的流浪汉"。我认为如果没有先前的物质上的流浪，精神又怎么流浪呢？但研究他们、体会他们以及理解他们，即一种流浪汉的生活，不也是一种可以给我们生活以启示的方式吗！所以，我们没有这份理解，可能都不会成为真正的精神上的流浪者。我们应该从流浪汉的世界里去理解这个世界，然后再想人应该拥有什么，不应该拥有什么，这些可能也是我们人类学最应该去思考的一些基本问题，这样你的学科就不仅停留在一种方法的层次上，而是进入到一种真正的哲学层次了。所谓"四海之内皆兄弟"，我想这背后的文化意义是未来中国本土人类学可以真正贡献给世界人类学的。在这一点上，我们不应该去排斥所谓的异己，也不应该去排斥与我们不同的生活方式及在那里的文化的存在。

我最近写的一篇文章，题目就是《在一起》①，(笑声)大家不要看这个词很通俗，似乎很容易理解，但它却是我们需要去重新思考其价值的一个概念。可以说，今天所有的制度安排都试图让我们彼此分离开来：夫妻本来是在一起的，但是法律的规定是让大家彼此分离开来。因为财产从法理上是属于个人并彼此分离开来的。社会中其他方面的分离就更多了，这方面我讨论得很多，大家如果有兴趣的话，可以看看我最近的相关文章。② 所以，"在一起"这种观念就与社会的分离之道大相径庭，且在今天的社会是值得提倡的。显然，如果医生说你的肺因为有阴影需要切掉，你会说不吗？你不会，你怕死是一方面，另一方面你也没有权力选择其他的途径来解决，因为权威和权力都在医生和医院那里。去看牙科最为简单，去的时候可能还是挺好的，患者和医生之间可以寒暄地聊上两句，但当医生戴上口罩，然后让你躺到躺

① 赵旭东：《在一起：一种文化转型人类学的新视野》，载《云南民族大学学报(哲学社会科学版)》2013 年第 3 期。

② 赵旭东：《人类学与文化转型——对分离技术的逃避与"在一起"哲学的回归》，载《广西民族大学学报(哲学社会科学版)》2014 年第 2 期。

椅上去,这个时候你就不是“人”了。(笑声)怎么证明你不是人呢?很简单,你躺下以后,医生取出一块用来遮你脸面的蓝布,遮上脸以后,只剩下他要处理的牙齿的圆洞,这样你就是牙齿和身体之间的象征性的分离,这时你就不是一个正常人了,就是一个医生要理性去处理的器物而已。(笑声)西医最近遭到的诟病,说到底要克服的就是如何能像中医那样有一种对于人的整体性的关怀。这并不是说西医本身不好,只是它离人的医学越来越遥远了。其实很多医疗背后都有些巫术的效果存在,病人有时候很相信医生的话,那样身体状况似乎就会慢慢地跟随着改变。说白了,西医对正常的人而言是一种恐怖的存在,很多人应该是被医院的环境吓死的,躺在洁白的床单上,身上到处插着管子,头顶上还挂好几个输液的瓶子,这跟那种望闻问切的传统中医形象是判若两样的。

最后一个是“文字天下”。我们每个人说白了都是一个写手,只要你想把你看到的、搜集到的以及想到的东西呈现出来。因此,用什么方式来写就成了一个问题,这在文学上叫做叙事研究,在人类学上叫做“写文化”。而中国自己的人类学里有一种说法叫“不浪费的人类学”[①],就是人类学家的笔下没有垃圾,散文、诗歌、摄影等都可以是人类学家的作品,都在反映那个看到的和反思到的文化。显然,不是文字书写都在文学家手里,每个能用文字来表达的人,都是一个写手,一个作家,他因此怀有的抱负就应当是文字天下,即以文字来表达自己的见解,形成一种共享的知识,促进文化的融通和发展。我的经验就是,要用文字记录自己的见闻,每天都要下工夫去写,特别是在田野之中,在一定意义上,写的实践成就了你对所观察到的事物的理解。因为,很多时候是你的文字决定了你的思考,而不是相反。这就是“文字天下”

① 稚桐:《“不浪费的人类学”思想与实践》,载《云南民族学院学报(哲学社会科学版)》2001年第4期。

这一点所要真正表达的意义所在。

对于田野工作的方法,我最近曾对上面的八式有所拓展,总结出"四统"的工作思路,所谓"四统"就是"点线结合、特征追溯、线面统一、微观聚焦"。(笑声)因为时间的原因,不在此过多展开。我最近发表的一篇文章,题目叫《中国的人类学为什么会远离江河文明》[①],讨论为什么中国文化里江河文明这样的话语进入不了民族志的描述,我有自己的看法和细致讨论,核心就是基于通过"点线结合"的思路调整而提出来的,供有兴趣的阅读者批评。

最后,送给大家一句话:"知识就是从黑暗中透露出来的一丝亮光,只是恰好你把握住了而已。"希望大家都有知识。

## 互动环节

**学生提问:**老师好,我有两个问题。第一个是我们一般分析问题都是从主客两分的视角,我想问主客统一的视角在实际的研究中是如何体现的?第二个问题是人类学家在田野中会不会采用一种"打草惊蛇"的方法,也就是给当地社会一种扰动,然后观察当地社会?

**答:**第一个问题不是问题,我从来不相信有主客之分,因为主客之分是观念上的,人类学更多地注重感受,任何知识都是自己的建构。第二个问题好像也不是问题,只要你去那里,就是在惊动当地人。刚开始你到那里,你也新鲜,你也是被"打"。我认为不是"打草惊蛇",你去了就会唤醒当地的一些东西,值得交流的东西。会有骚扰,但不是一个主动的骚扰,是一个顺其自然的过程。任何行为都可能惊扰到别人,但从你的角度而言最主要的是如何去学会观察别人的行为并呈现出来。

---

① 赵旭东:《中国人类学为什么会远离江河文明?》,载《思想战线》2014 年第 1 期。

## 延伸阅读文献

### • 著作

〔英〕王斯福:《帝国的隐喻——中国民间宗教》,赵旭东译,江苏人民出版社 2008 年版。

赵旭东:《权力与公正——乡土社会的纠纷解决与权威多元》,天津古籍出版社 2003 年版。

赵旭东:《法律与文化——法律人类学研究与中国经验》,北京大学出版社 2011 年版。

赵旭东:《本土异域间——人类学研究中的自我、文化与他者》,北京大学出版社 2011 年版。

### • 论文

赵旭东:《历史中的社区与社区中的历史》,载《民俗研究》1997 年第 3 期。

赵旭东:《超越本土化——反思中国本土文化建构》,载《社会学研究》2001 第 6 期。

赵旭东:《"报应"的宇宙观——明清以来诉讼解释模式的再解释》,载苏力主编:《法律和社会科学》(第 1 卷),法律出版社 2006 年。

赵旭东:《远去与归来——一种跨越乡土社会的田野民族志方法论》,载《西北民族研究》2009 年第 1 期。

赵旭东:《法律的五种面相与田野民族志方法》,载宋英辉、王佐良主编:《法律实证研究方法》,北京大学出版社 2009 年版。

赵旭东:《中国人类学为什么会远离江河文明?》,载《思想战线》2014 年第 1 期。

# “地势”与人类学调查

朱晓阳

朱晓阳，男，云南昆明人，北京大学社会学系教授，博士生导师。先后毕业于云南大学经济系、澳大利亚国立大学社会学系和澳大利亚麦考利大学社会、文化、传媒与哲学学院。主要从事法律人类学、人类学发展、劳工问题、社会学研究方法等方向的研究和教学工作。出版有《小村故事：罪过与惩罚(1931—1997)》《小村故事：地志与家园(2003—2009)》《面向“法律的语言混乱”：从社会与文化人类学视角》等多部专著，主编有《法律与人类学：中国读本》《边缘与贫困：贫困群体研究反思》等著作。先后在《中国社会科学》《开放时代》《法律和社会科学》等刊物发表论文数十篇。并与诗人于坚合作拍摄纪录片《故乡》。

法学也好，人类学也好，都要面对的是实地调查看什么的问题。朱苏力老师在讲一妻多夫制的时候特别强调环境，从人类学的角度，我们谈的环境一般会用一个词："生境"。这可能是从生态学或是环境学学过来的。今天在讨论一些类似于纯粹的人文制度，像婚姻、观念性的制度等的时候，我们会回到人们生存的、决定了人们生计的环境。其中包括实际的技术的过程以及物质性的形态，这些都是挺重要的内容。这是我想谈的一个话题。另外一个话题就是法学、社会科学的想象力，像我今天把诗性、地志、法律民族志和写作连在一起，就是一个典型的例子。

## 一

我今天所讲的，是跟我近五六年所做的关于人类学或者跟法学有关的甚至跟政治学有关的一些方法论的文章。《"彻底解释"农民的地权观》是近年来我引用了比较多的理论性概念的一篇文章。①

我先从一个小问题谈起，即所谓的"生活戏剧"，这是在我做的研究中观察到一个现象。具体来讲，这是前几年在我的小村研究系列中的第二本《小村故事地志与家园(2003—2009)》里记录的一个现象，是关于清末的用水纠纷中出现的——我在 20 世纪

① 朱晓阳:《"彻底解释"农民的地权观》，载《法律和社会科学》(第 8 卷)，法律出版社 2011 年版。

90 年代通过村民的口述也了解到一些实际情况——通过村民讲述的纠纷，后来被我叫做“生活戏剧”，非常的戏剧化。

昆明官渡附近有一条麻线沟，还有一个庙。你去看的话，会发现麻线沟的故事非常类似于传统戏剧，更像是一个经典戏剧故事的变体。这个经典戏剧就是山西晋祠的油锅捞钱。晋祠油锅捞钱的故事，简单说也是关于分水的，说是某朝某代有两个村子因为用水纠纷，告到官府求解决。于是官府的人支了一个大油锅，官府的人说你能捞出几文钱水就分给你们多少，就有一个青年跳进油锅捞出了七文铜板，但自己也因此牺牲了。后来水就按照七股水分给他们村。我们在小村和麻线沟观察到的也是同样的故事，麻线沟传说来源于他们村一个在省政府当官的、后来被塑成雕像的李广会，他去向政府讨要一麻线粗的水，政府就答应了，到了分水那天，全村的人每人都拿了一根麻线，将麻线合在一起，就是一捆麻线粗的水，就有了这条沟。在小村中就变成了一竹竿水，说是全村每人拿一根竹竿来要求分水。这是很多年前我在做法人类学研究的时候听到的故事。

大概在几年前我才在村子里的庙里找到了与分水有关的碑，与一竹竿水有关的故事是有石碑记载的，石碑是光绪十六年的，但上面完全没有民间故事所说的情节。麻线沟的故事也是一样，那里的碑上只是记载了争水以及政府解决纠纷、进行调解的过程。

这就给了我一个启发，日常生活中居民是按照一种典范模式来编制生活的，这种典范模式可以是故事、传说、戏曲等的经典故事。现实生活是片段的，经常是没有故事主角，或者说多重主角，且主角是不固定的。但人们会按照美学的形式编成一套有固定主角，起承转合的、有矛盾冲突的符合诗性的这样一些戏剧。实际上这些戏剧的底子是一些典范，它们也在不断演变，各地有不同的变体，我把这种用典范戏剧模式来编织生活事件的现象叫做

"生活戏剧"。关于"生活戏剧",很多人都曾提到,包括费孝通先生的《乡土中国》里也有所描述。[①] 这些东西对我来说重要的启示是:人们实际上是按照某种形式、规范来想象和编织生活事件,使它变成了规范某种行为的一个典范。

"生活戏剧"的提出是受到英国人类学家特纳的启发。特纳在做非洲研究的时候用了一个概念:social drama。早期人类学的重要人物杰内普提出过"过渡仪式",而特纳的 social drama 基本上是将"过渡仪式"的三阶段变成了四阶段,是受到了杰内普启发的,但又不太一样。特纳将 social drama 当做一个社会事实,并有一些功能主义的考虑,这是受到了涂尔干的影响。另外一个区别就是生活戏剧可能跟结构主义的艺术分析有些接近,但并不是像经典的列维-斯特劳斯那样的结构主义,那样的结构主义会把一个故事分解成高度抽象的几个相互对反的神话要素。我在使用生活戏剧的时候可能会更注意文本本身,例如具体讨论故事的文本是怎样的走向,它会把各地生动的故事编织在里面。我觉得讨论生活戏剧必须就事论事,它的感染力保持在作为一个美学的文本的戏剧性的动力。保持戏剧性的动力,很重要的一点是要有矛盾冲突,要有正反方向的角色,要有起承转合的故事。当然,生活戏剧也不能脱离你所研究的地方的一些具体事件。实际上,生活戏剧是在一个典型的范本的基础上编织的。它具有生成性、栖居性,它是在不断的对话过程中形成的。我们在社会生活中跟他人打交道时,实际上都有一个典范的模式在背后,我们不是从一个白板开始的,典范模式从某种意义上说是一种规范,只不过生活戏剧是在民间,在具体的地点以这种方式出现的。这在研究如何去发现生活事件里的法律的时候可能会有所帮助。这是关于生活戏剧的问题。

---

① 费孝通:《乡土中国》,北京大学出版社 2005 年版。

这几年我更有意识地进入了关于一个地方地势的研究。在社会学人类学早期，莫斯和涂尔干都用过“社会形态学”一词，比较经典的是哈布瓦赫的《社会形态学》[①]。莫斯在关于社会形态学的文章里研究了爱斯基摩人的居住，冬天和夏天两种模式，莫斯的结论是爱斯基摩人在冬天是聚合在一起居住在长房子里，好几家一起，像一个小部落一样。莫斯以此来讨论法律，这个时候聚居群体里有一种法律，这种法律是更多的共同体所有，除了非常贴身的财产以外，其他的从食物到房屋都是共有的，这是他认为的一种形态。相反的是，夏天一到，冰川消融，爱斯基摩人就分散到格陵兰岛各处去捕鱼，这时候基本上分散成小家庭住在帐篷里。莫斯认为这时候是另外一种私产制的形态，更多的个体化、私有化。这是比较早的社会形态学。

从社会形态学和地志学来讨论问题，在人类学里最近十多年是挺重要的，它和人类学关注空间、关注运动、栖居、路线等有些接近，这使许多人都共同地朝向某一种本体论的走向。这是与20世纪七八十年代以后人类学进入的后现代相反的趋势。那时的趋向是对一些确定的知识提出大量的反思、怀疑，以怀疑民族志真实、翻译不可能为立场的一些著作因此出现。按照这些观点，你不能确定你能不能认识世界。比如去做对一个村的调查，不去调查村里的人做些什么、他们的生活方式和规范是什么，而把大量的精力花在我是怎么去调查这个事的，我的知识是多么不可靠的，总之盯着自己的肚脐眼这些事儿。这是本末倒置的。目前人类学重新回到了一些本体论的问题，并认为是可以有结论和共识的。比如说我去研究麻线沟，不论他讲得如何，我们实际上和他们一起去看，用谷歌地图告诉他就是这条沟，他也认可这件事，完全可以把这件事变成一个共识，这是可以确定的，就不用继

---

① 〔法〕哈布瓦赫：《社会形态学》，王迪译，上海人民出版社 2005 年版。

续探讨到底是不是有这样一条沟,这样就可以终止一些争论。实际上我们都面临一些实践的紧迫性,所有人,包括官员和开发商,大家都认为地势是最重要的问题,所谓"发展"的问题就是关于空间的分配和争夺,在我看来空间就是一个地势的问题。这是我在做研究的时候,村里的人、开发商,包括我们学者,都应该有的这样的一个共识。这样的地势学就不再是传统的像莫斯那个时代做的那样一种实证性的描述,比如莫斯描述爱斯基摩人那样的一种钟摆式的社会形态。它是一个将地理、居住、政治性的边界、法律现实、地方性的命名等都包括在一起的综合性的知识。借用莫斯的话来说,这是某种总体的社会事实。地势学对中国人来说并不陌生,另一种地势学实际上和中国的风水不谋而合。风水就是某一种地势学,只不过两种地势学基于的是两个不同的规范描述,但讨论的实质是同一个事。

返回到我做的地势学中,具体而言就是我们怎么发现地势?我把它变成在栖居中理解地势。莫斯式的社会形态学是一种客观观察法,例如拿着一份地图,一眼看去,格陵兰的地形就确定了。另外一种研究就是人类学近年谈得比较多的,是受到现象学影响的、叫做栖居视角的进路。简单地说,这个进路是把人的感知、活动看做是在一个环境中边干边学边认识的过程。人身在这个环境中活动,获得认知。在这个意义上,人的器官,不仅是五官,还包括语言和工具等"物"。马格瑞特·米格的丈夫贝特森就谈到:盲人拿着一个拐杖去接触世界,盲人对外界的感知,是从手开始的,还是从拐杖接触地面开始的?这个界限是模糊的,传统的社会科学会认为是从手开始的。从栖居的视角认识地势时,就不再强调主体,而是强调人身和物。实际上法律也是在栖居中形成的,人们栖居在那样的一个环境中。

8月份我在英国曼彻斯特参加世界人类学大会时,第一场第一个大讨论会的标题就是:人类没有 nature,只有 history。就是说人类没有不同于其他有机体的唯一的本质，我们之所以变成现在这样，是因为我们有历史。我们是栖居在这样的一个历史过程中，不在于我们和灵长类有什么界限。总的来说，栖居是一个可以采取的、来确认地方的人是怎么认识地势的路径。人们对地势的认识，可能更多的是通过地方故事的讲述。这就又回到了我刚刚所说的生活戏剧。

做田野调查会耗时间，有些东西会受制于你的立场、调查技术，使你不会去注意，只会在一些事件和机缘巧合中获得。前十多年，我的研究基本上是去到村里和村民聊聊天、吃吃饭、喝喝酒，把所听到的记录下来，但是实际上村里的很多东西我是不认识的，比如说我关心政治，那么大多数时候就会讨论关于村落的政事和政治，但进入村落政治的基本上是男人，你就不知道这个村落的其他生活。六七年前我和诗人于坚进入到村里去拍纪录片，当摄像机进入村里时，就会改变我们和对方的状态，对方会觉得摄像机应该拍一些他们觉得有意义的东西，而这些有意义的东西却不是我以前觉得有意义的东西。他们觉得有意义的可能是村里的一些活动，比如老太太们唱花灯。我们就去拍，到了以后发现那里的组织者全是妇女，男人是配角。她们会说庙里要开光了，去拍开光仪式吧。我们到了庙里之后发现组织活动的还是这些妇女。这些完全超出了我以前所做的政治人类学的范围。我们的片子拍了两年，两年后开始整理的时候，看这些片子，我们大吃一惊，有些地方她们为什么会这么说？一开始我们在拍庙的时候，就有老太太把村委会主任拉到一旁去嘀咕讲了一通，老太太回来后，我们问她是什么事，她就说是因村里盖庙要用一块地。那时候正是选举前，老太太就跟村长说他如果不给那块地的话小心选不上。村长就答应了，选举结束以后村长就兑现了承诺，划了地。这些我在过去是不知道并且不会去看的。这些特定的情况是一点点摸索出来的。

中国当下关于拆迁的争议也挺多,因为我本科是学经济学的,天生的就会关注赔偿之类的事情,很长时间里我也会以为所谓的拆迁就是关于钱的谈判。但是这个研究做长了以后,我发现实际上政治经济学有它的局限性,它把大家的生活扁平化了,扁平化以后好像只有用钱来解决,实际上很多时候大家是不得不用钱来谈,因为你没有其他语言,整个主流的意识形态中各种问题都是关于钱的问题。

通过栖居的路径研究地势,我后来发现一些特定的东西,例如村里的一些场所是不可以和钱互相还原的,这是比较重要的。政治经济学的路径仍然有用,但它不是全面的,法律也是一样,但完全不可能变成一个所谓的经济赔偿或产权问题。为什么在一个地区大拆迁,会有一些特定的场所动不了?它除了有钱的问题以外,还有一些在当地人看来是重要的东西,地势就意味着空间不是均质的,现代的地理学是试图在地图上把每一个地方都均质化。实际上,从地势的角度来说土地是非均质的,有些地方就是比别的地方更重要,那么这些地方就是我们所说的关键性的场所和地点,比如为什么人死了要在庙里送?无非就是活的人相信不从这里送老人的话怕老人的魂找不到家里。这个观念的重要性在里面确实会影响人们的看法。你可以说这是迷信,但他的行为里面这部分又是很重要的,这一部分我觉得是没办法解释但必须要面对的。在小村里面,拆迁好几次的冲突是因为水井,拆迁方去拆公共水井,小村的村民去抵抗,从某种角度来看全村人都已经使用自来水,水井好多年都少有人用了,那么为什么水井还那么重要?你去问农民,他也说不出来,他就会说等天旱的时候就能用了,但这种回答实际上是没有说服力的。对农民来说,水井里面是有灵的,你要拆一个水井,就要请法师来做法把水龙引出来,但是他表达不出来,他这么说的话,人家就会说这是迷信、荒谬的。另外还有请客吃饭的地方,也很重要,集体社区请客吃饭的场所(客堂)就是我们的教堂。

## 二

另外一个是彻底解释。从栖居路径出发,我们会认为,我们跟研究对象体验在一起的话,会感知到共享世界呈现出它自己的理性或价值。用一个生态心理学的词来说,叫 affordance(呈现)。就是类似于你看到一个椅子,它会呈现自己的“价值”,即可以作为座位的价值。栖居论认为,在周遭的环境里,这样的呈现无处不有。但问题是我们做社会科学的最后目标还是要获得规范性的、理论性的概念,不然就等于没做事,必须要从生活世界形成一些抽象概念。此外这些抽象概念的使用也带来一些问题。它们是从我们的共同体中抽象出的概念,这些概念能不能和“他者”的概念之间相互共度?这可能是我们转向本体论时必须注意的另外一个重要问题:即如何解释他者。

彻底解释不过是提供了一种路径。简单讲,我们去做研究,总是会出现一个当地人和研究者,当地人是说话者,研究者是解释者。如果以地势为例的话,我们会面对某一个共同的场所、房子或田地之类的东西,这时候当地人会去做一个解释。如果是极端的情景的话,当地人所说的也许是一个研究者完全不懂的语言。这种情况下,戴维森设想的是说,那个当地人说了一句话,例如“窗外在下雨”,我也看了窗外,这时当地人、我和窗外下雨就构成了一个三角关系。这时我可以用我的语言来说窗外正在下雨,这样可以达到一个解释的共识。这就是戴维森所设想的这样一种解释,叫做彻底解释。

从这个“起点”开始就可以逐渐建立起理论性的看法。在这样一种三角关系中,我和当地人共同面对了一个事件,这就回到了经典人类学说的参与观察。参与观察还不够的话,就栖居、介入。这就是有助于获得与当地人共同看法的一种路径。按照这样的路径设想，相对主义是没有市场的，人类学中所说的极端相对主义是说不通的，因为人类学所说的相对主义，最大的问题是它所设想的是我和土著人之间各有自己的概念图式，互相之间是不能共度的。相对主义实际上设想我们和土著之外存在一种普遍的、超越的语言，可以将我们和土著的语言翻译成这种超越语言，这种超越语言告诉我们，我们的语言与土著语言之间不能互相翻译。而按照彻底解释的说法，实际上这种状况是不可思议的。某一种超越的世界语实际上不存在，是不可能设想的。

彻底解释可能跟格尔茨的厚描有一些相似性，但还是有一些差别的。彻底解释会明确地反对知识论相对主义和还原主义。水利也好，生活戏剧也好，传统的研究往往会把研究水利视为研究国家权力，研究生活戏剧是为了研究全人类普适的某种大结构。那是一种还原主义。实际上我们应该停留在现象界，研究水利就踏踏实实地把水利研究好，不要去设想还原。当然也应该承认语言关系的复杂性，彻底解释不能解决在生活中故意装作互相听不懂和因为社会关系不平等等造成的含混性。

## 三

还有一点，中国式的社会理论是什么，最近一些学者想通过相对主义来讨论中国的学说、中国的经验、中国的语言，建立中国的理论模式。从某种意义上来说，这些解决方式都或多或少有些问题。主要的问题概括起来有两种。一种是费孝通在晚年的一篇文章中提到的关于舶来的社会科学理论和本土的智慧之间如何去对接。[1] 另外一种更普遍的是最近的一些人类学家(包括我们的同事)干脆不去谈论对接这件事,只是就本土的知识文化概念等去做描述,我把它叫做无理的文化相对主义。无理的相对主义这点也会遇到挑战,即你写的到底是什么?是社会科学吗?就像格尔茨所说,研究巫师不一定要用巫师的文字和手法来描述。我觉得第二种困难比较好解决,我提出的消解这个问题的方法是非认识论的相对主义。这是建立在彻底解释的基础上,彻底解释已经把认识论相对主义打掉了,但在具体的研究中实际上洞开了一条相对主义路径,即“本体”的相对主义。因为我们知道知识论上没有障碍,别人肯定是听得懂的,如果他听不懂,那么可能是不愿意听懂或其他原因。

## 四

最后从人类学的角度总结一下,从栖居的视角来研究一个踏实的比如地势的问题,它可能使我们进入一种在我们现有的这些概念弥漫之下的一个前观念的生活世界,使被政治经济、理性选择等所遮蔽的日常生活、政治得到显露,这对我们理解当前中国的城市化、城镇化会有所帮助。但我们做社会学、法学的,还要去概括、阐释。从人类学来说,民族志是一个比较好的勾连栖居视角和彻底解释的综合知识。今天的人类学正在重新重视民族志的意义,一方面民族志能够在细节里面使具体实践中没有被概念化的生命个体得到彰显;另一方面民族志是在概括中进行,和现象学等新实用主义结合在一起,构成一个当下的民族志面貌。这可能是全世界很多学者的共识。

---

① 费孝通:《试谈扩展社会学的传统界限》,载《北京大学学报(哲学社会科学版)》2003 年第 3 期。

除此以外,另外一个跟前面不相矛盾的路径是,以我个人而言,这些年是在介入中间,介入到社会生活当中去获得认识,一面观察、一面介入、一面反思。对人类学来说,这好像是站在生活漩涡中提供洞见。在这样的世界里没有人能抽身而去,离开社会生活是不可能的。从知识论上来说,engagement(介入)是能使我们获得对研究对象更具体的洞见的一个路径。

## 延伸阅读文献

### • 著作

〔美〕克利福德·格尔兹:《尼加拉:十九世纪巴厘剧场国家》,赵丙祥译,上海人民出版社 1999 年版。

朱晓阳:《小村故事:罪过与惩罚(1931—1997)》,法律出版社 2011 年版。

朱晓阳:《小村故事:地志与家园(2003—2009)》,北京大学出版社 2011 年版。

### • 论文

〔丹麦〕柯尔斯顿·哈斯特普:《迈向实用主义启蒙的社会人类学?》,谭颖译,朱晓阳审校,载《中国农业大学学报(社会科学版)》2007 年第 4 期。

朱晓阳:《“延伸个案”与一个农民社区的变迁》,载《中国社会科学评论》(第 2 卷),法律出版社 2004 年版。

朱晓阳:《“语言混乱”与法律人类学的整体论进路》,载《中国社会科学》2007 年第 2 期。

朱晓阳:《黑地·病地·失地——滇池小村的地志与斯科特进路的问题》,载《中国农业大学学报(社会科学版)》2008 年第 2 期。

朱晓阳:《水利、“天助”与乡村秩序——滇池小村的地志》,载《法律和社会科学》(第 5 卷),法律出版社 2009 年版。

# 向“无意义”中发现：实地调查者的心性结构

易江波

易江波（1975—2015），男，湖北仙桃人，湖北警官学院副教授。历年求学于中南政法学院法律系、中南财经政法大学法学院，获得法学学士（1996 年）、法学硕士（2003 年）、法学博士（2009 年）学位。本科毕业后在某“全国十大国企典型”单位参加工作，硕士研究生毕业后在湖北警官学院任教。出版的专著有《近代中国城市江湖社会纠纷解决模式研究——聚焦于汉口码头的考察》。研究领域为观念与社会视角的中国法律史、组织维度的底层与基层政法实践。

“法学方法论”是个“高大上”的话题。我们平时的交流切磋，也会讨论方法。学者们针对方法问题也会写许多专门的论文。我和热衷于搞方法论的朋友交流时，经常说的一句有抬杠嫌疑的话是：“最好用所讲的那个方法解决个问题演示一下”。但对方法论的潜心琢磨是必不可少的。我这次和大家交流的主题，是实地调查者的心性结构，主要是总结和反思自己参加实地调查、做参与观察的一些经历。

## 一、“实地调查”与“田野调查”

首先看“实地调查”这个概念。“实地调查”也就是“田野调查”(field work)。field work 这个英文概念，我更偏好称作“实地调查”。虽然“田野调查”这个翻译基本上是约定俗成的，但我总感觉这个翻译会让我们无意识中把实地调查的部分内容忽略掉。

第一个忽略，是对研究者当下生活的忽略。我们研究者主要生活在城市中，“大学城”里。讲到“田野”，容易望文生义地把“田野”浪漫化。“田野”好像总是会在别处，而不是在当下，不是在现场。我们一讲“田野调查”，总是意味着要去到某个地方，到与我们当下的生活不一样的地方去。这是“田野调查”概念或者说译法带给我们的一个直观的感觉。事实上“田野”常常就在我们身旁，或者说我们研究者的生活本身就构成一种“田野”。

第二是它会忽略掉或者过滤掉调查中的一些危险因素。有同学会说田野调查怎么会有危险？比如王启梁最早是到中越边境去做农村调查。大家知道中越边境是经过了中越战争的，那战争之后留下的是什么呢？是地雷！这个问题最近在一些新闻专刊上报道比较多。当启梁到中越边境去的时候，是隐藏着一些危险的。我自己去对一些社区、一些农村做调查的时候，也碰到一些危险。比如说"武疯子"，也就是精神病人。有些精神病人会有一种攻击的倾向，如果陌生人出现的时候，他有可能加以攻击。"武疯子"在一些农村的比例是很高的，一般一个村子里总会有那么几个人处于这种状态。我们去的时候有可能碰到这些人。我有一次在一个城市的社区调查，在那儿"闲逛"的时候，就是漫无目的、东瞄瞄西望望的时候，被"武疯子"攻击了，那我采用什么办法应对呢？就是跑，三十六计走为上。我以前没料到田野调查会有危险，但是我亲身的经历告诉我的确是有危险的，这导致我在以后的调查中总有一个安全意识在里面，像工人"安全生产"一样。

第三个忽略，是忽略我们跟访谈对象进行深入的访谈或者说"深度访谈"的难度。其实我对"深度访谈"这个概念是打问号的。有了"深度访谈"，那么我们不禁要问，什么样是浅度的访谈呢？和"深度访谈"相对应的就是"浅度访谈"。我们在开展访谈的过程中，碰到的访谈对象，有可能他对你不是那种非常友好或者完全合作的态度，可能是冷淡、敷衍、应付，尤其是在非正式的交流过程中，这样的访谈深入起来有难度。大家在访谈之后一起吃饭喝酒，其实吃饭喝酒并不代表访谈的结束，可能表示另一种形态的访谈才刚刚开始。我们在调查研究别人，别人也在调查研究我们。而在酒桌上有可能发生一些小麻烦，比如你喝不了酒，他可能就有一些玩笑性的、奚落性的话语，调侃你一下。如果你能够喝酒，但你喝酒的时候又不遵守一些酒场上的规矩，他可能认为你这是一种怠慢、傲慢。喝与不喝都会有问题。诸如此类种种，无伤大雅，但可能影响研究者的情绪，会对实地调查过程形成一些影响,或者说干扰。在实地调查中,研究者的内心既要足够敏锐,又要有点神经大条。

## 二、对一项农村调查的反思

布迪厄强调,作为一个社会学研究者或者经验研究的研究者要有一个“成人礼”。他提出的“成人礼”的概念是什么意思呢?就是说,要成为一个真正对自己有内心认同的经验研究者、社会学研究者,必须要有一个“仪式”,但这个“仪式”并不是像婚礼仪式那样,而是指必须要有一段对自己形成深远影响的实地调查经历。一些著作和教材把这个实地调查的期限定为“一年”。这个“一年”期限差不多成了通说,但我认为把“一年”作为硬性的期限显得有些霸道、不讲道理——为什么是一年而不是九个月、十个月啊?实质上,布尔迪厄强调的是那么一种过程,一种艰难、艰辛的过程。他把这个过程看做“成人礼”,是因为这个过程的密度、厚度。这个过程给我们带来一种比较痛苦、比较困惑、比较复杂的情感,而不是像吃肉喝汤、旅游观光。

我要跟大家回顾或者说分享一下我自己的一个失败的经验。这是我在进入实地调查、进入经验研究领域时参加的第一个调研活动。这项调研活动对于团队和有关方面是成功的,但对我自身来说却是失败的。或者说,我自己在这项成功的实地调查中失败了,好比一次成功的战役中有一场失败的战斗。

2007年,我们一行七八个人到某市进行农村调研。去的时候,我们的题目是确定了的,我们要做什么很明确,就是去研究那里的村民自治情况。去之前,我先做功课,从网上搜了那个地方的相关信息,恶补了相关的理论知识和既有研究成果。我当时冒出一个想法,最好我们几个年轻的学生直接住到村子里去,在不通知当地领导的情况下先住进去,摸一下实际状况到底是什么样子。但这个思路没有实现，因为操作起来比较困难，成本太大。几个陌生人悄悄地进村住下来，目标很大。

我们进入实地采取的是什么方式呢？我们先通过非正式的私人关系同当地的领导私下沟通，形成共识，再由领导将这项调研作为他们政府工作的一项任务，提供住宿、后勤方面的人、财、物支持。相关的手续完成后，我们再出发。

我们一共调查了两次，第一次住了近十天的时间。近十天的时间是什么内容呢？前期主要是开会。会议有两种方式。一种是在镇政府里面，由镇政府通知一些村组干部来开会；另外一种是我们到村里面和村支书沟通，再组织开会。第一次开会，我的印象很深刻。参加会议的有一二十个村组干部。我们事先拟订了一个调查提纲，大概有一二十个问题。会议开始，我们按照问题的顺序发问，由这些村组干部来回答。但是，我们所提的问题很学术化，比如，在村集体财政方面有没有民主的措施？我们的问题显得很规范，很书面化。当时村干部听了个个露出面面相觑的样子。他们根本听不懂我们说的是什么。最后有几个表达能力很强的村干部作为代表来回答。但他们说的是家乡话，很"土"，我们也听不懂。这时候只能由镇里面的干部来翻译了。这种交流方式，很麻烦。

后来村支书出面解围了。村支书是个女同志，在当地扛着缝纫机起家，发展成一个制衣集团，她是集团的老总。这位村支书毕竟是一个能人，提了个建议缓和一下尴尬的气氛。她说各位学者刚才提的问题，村里面的档案和会议记录里面都有，所以明天大家不用再开会了，直接到档案室里面，叫一个大学生村官陪同几天，把档案都搬过去翻看就行了。我们一听到这个安排之后就很开心了，心里的石头落地了。我们来就是为了找资料啊，这样一来，我们要的资料都找到了，并且规模和质量超乎我们的想象，能够多快好省地完成任务。你想想，如果一个村把他们多年收藏的档案都交给你,你作为学者是不是有一种欣喜若狂的感觉?大规模的保存完好的村级档案,这是学术富矿啊!开了一两天的会之后,原定的实地调查变成了在档案室里拍照、复制档案。我们提出的一个问题是,会上和我们谈话的都是干部,一个村民都没有,是不是应该找些村民谈一下?村组干部答复说村民们可能没有时间。在村组干部们看来,他们抽出时间来跟学者们谈话,本身对他们的经济都是造成了损失的。村组干部是小企业家,村支书是大企业家,都是能人。这次调查我们没有跟村民见面对谈。

我们进出村子的时候,因为是外地陌生人,村民都好奇地看着我们,看着这样一些学者走来走去。我们调侃自己说:"来了一帮坏人!"那时天气很热,在这过程中,村支书开着她的很气派的车去忙活,从车上探头向我们招手。我们这群学者在马路上汗流浃背地走着。我对这个村的实地了解,大体仅止于明星一样的、有着光辉的个人奋斗史的村支书,概念化的"乡镇企业的成功转型",以及从落脚的宾馆到村委会档案室的路上零星散布的猫狗排泄物——然后大家纷纷表示这个村的卫生状况是个死角,应该写进正式报告里专门解决。这是第一次调查。

第二次调查,我们去之后,寻找资料的目标有变化了。我们主要收集镇政府的材料。我们去镇政府到处拍照,大家知道现在搞政务公开,很多信息都是在墙上的。当我们看到墙上有很多东西的时候很高兴。我们问镇里分管领导能不能把镇里的材料给我们学习一下。他首先过滤了一下,因为一些材料他不方便给。拿到材料后,我们更高兴,因为找材料的目的很快又达到了。拿到材料后我们回到宾馆。那是八月份的时候,天气更热了。我们在宾馆里闭门工作了几天,把收集的材料按预先的规划转变成符合一定模板的文字。这次也做了一些访谈,主要是在镇的一个分管领导的安排下找几个组长访谈。我们确定好问题,在组长家里一问一答,我们记,同时也用了录音笔,场景有点像做笔录。五六个人围着一个村组干部，气氛比较拘谨。语言不通，常常需要大学生村官翻译一遍。

这项农村调查中，形成了很多谈话记录。今天看到一些谈话记录，我已经完全记不起自己当时问过这样的话。这也提醒我，在实地调查的时候，一些信息，在这期间甚至调查结束后的一段时间，印象很清晰，但再过一段时间很可能会完全忘掉。"回忆"，能对实地调查基础上的经验研究造成什么影响？读普鲁斯特的《追忆似水年华》，对这个问题有些启发。

在这次实地调查中，我的挫败感来自哪里？我们过于功利了，我们把实地调查仅仅当成一个发现材料的方法。所以当我们找到材料的时候，当我们以为找到的东西就是材料的时候，我们会基于人的惰性提前结束实地调查，回到书斋，去写论文。事实上，上墙的那些材料，很多数据几年都没有改变过。

今天，当我回顾这次实地调查时，并不认为我的失败是纯纯粹粹、彻彻底底的失败。我们从实地调查中获得的事实，已经可以给予我们大量学术的启迪和火花。回头捋一下我们当时进入实地的过程。我们找市领导、镇领导接洽，我们接触的主要是村组干部，我们跟基层的普通老百姓没有面对面的直接交流，这些情节不能略过。当时的女村支书，有一个女强人的形象，有一种完全可以出现在荧幕上的先进典型形象，她对我们整个调研过程的主导，以及村里的一般村民看待我们的眼光，这样一些细节被忽视了。我们当时认为这些信息是没用的、多余的。其实，这些"无用"的信息刚好揭示了我们调研的主题"村民自治"的深层状况。这些看起来像废料一样的信息，正好提供了一个很关键的分析入口。在获得大量文献材料后，我们过于急促地结束了实地调查。

这项调查最大的问题是什么？是把实地调查、田野调查仅仅当成发现材料的过程和手段。或者说，实地调查方法被等同于发现目标的一只探照灯。在实地调查的过程中，一旦发现了已经成型的所需要的材料时，调查即被结束。这项调查，对于主办各方和其他参与者都是成功的，但对于我个人而言，是失败的，因为我在整个过程中有一种明显的、不容自己否认的无力和虚弱，缺乏那种“I get it”的充实和确信。第一次的档案拍照，第二次的文件获得，都宣告了实地调查的提前结束，然后直接转入关起门来写作的阶段，也就是实质上退回书斋了。我很感激刚走进经验研究领域即拥有了这次经历。

## 三、何为“心性结构”

我的演讲标题中有“心性结构”一词。一讲到“心性”，熟悉中国传统思想资源的朋友就知道，它是儒家心学、理学的一个概念。怎么一下子把实地调查和儒家的这样一个概念、这样一种观念、这样一个“东西”结合起来了呢？我对这个“心性”的理解，类似于布迪厄所说的“习性”，也类似于中国本土思想中的“修养”。讲“实地调查者的心性结构”，是说研究者在操作过程中的心境、心态和心智方面的类型、模式。周星驰有个影片《喜剧之王》，这部影片开头，周星驰拿出他珍藏的一本书，这本书是苏联的一个戏剧家斯坦尼拉夫斯基写的，叫《演员的自我修养》。这本书在影片里出现了很多次，对我的一种启发，是“修养”本身可以成为我们的研究对象。我今天讲的内容，也可以简化地称为“实地调查者的修养”。

“夫所以谓之观物者，非以目观之也；非观之以目，而观之以心也；非观之以心，而观之以理也。”这里我引用了邵康节——宋代的一个理学家的观点。我把这段话看做是从中国本土思想资源的角度来讲实地调查、参与观察的方法论。这句话强调的是在观察的过程中的“心”，我们的内心，但这个“心”又不能完全等同于“大脑”“神经”这样的现代概念。我也在试图寻找一种途径，把我们的实地调查、经验研究和我们本土的思想资源对接起来。这种对接是有空间也是有可能性的。

## 四、何种“心性结构”

我提出实地调查的心性结构问题，首先在于体会到必须对实地调查的内容与方法做一个多层面、多维度的认识。现在回过头来看我的第一次实地调查，对预定主题“村民自治”到底如何构成和运作收获不多，但整个调研活动的程序步骤、那些村组干部对这次调研的态度和应对方式、村支书在其中的表现和作为，已经向我们展示了这个村的秩序、权威与日常生活的重要信息，比如企业家阶层、基层政府在其中的能量。但是，这些信息在当时的我看来是无意义、无价值的，是与主题无关的，因而是离题的。

那么我所主张的实地调查的心性结构是什么样子的呢？

### （一）“毋意，毋必，毋固，毋我”

这是《论语》中的一句话。“儒家”“法家”这类被贴上标签的学说，其中有些论断，如果翻译成我们今天的学术话语，很有一些社会科学命题的意思。儒家的这句话，是讲一种思想方法，强调个人在生活过程中要努力警惕和摒弃思想方面的固有倾向或者说思维方面的限制。这句话对我进行实地调查的启发，是说研究者应当在具备丰富多样的社会理论积淀的同时，有着开放、敏锐、灵动地捕捉信息、捕捉意义的心态和心境，能够及时“倒空”或“悬置”既定的预设和规划，从“无意义”中发现意义，从常规视野中的边角余料或废料中提炼问题，形成有效知识，获得分析契机。

内地城市的“维族”和纠纷解决问题，这是我向这次“法律和社会科学”年会提交的个案研究作品。这个主题的选定，一是由于我在派出所参与观察时自己办案遇到这个问题，有困惑，有亲身体验,认为值得深挖;二是到地方公安机关调查时,很多民警不约而同地反映这个问题很难办,很棘手,以前没有碰到过。应当说,这个选题最初被实务和理论界忽略,认为琐碎,拈不上筷子、上不了台面。“岳阳切糕事件”曝光后,通过媒体的聚焦和放大,人们发现这个问题在内地非常普遍,几乎每天在内地中小城市的街头巷尾发生。当然,一线大城市的核心地带这类现象很少,其中的原因也值得分析。在实地调查过程中呈现的那些看起来无聊、琐碎、无意义、无价值的现象中,蕴藏着一些值得我们为之奋斗的、至少在学术上“有趣”的选题。

我们的困惑常常也是其他人的困惑。困惑并不总是单一的,并不总是个案性质的。对于这个困惑,我想通过一些思路和方法去解决它。“维族”在湖北主要是以餐饮经营为业的,当然,这种说法比较书面化。我经常去“维族”开的小店、摊点,比如烧烤店、烧烤摊,是一个常客。但是以这样的身份经常地去到那里,他作为业主,也就是你的调查对象,对你的到场,其实是了解的。在参与观察过程中,我比较重视那些“重复性现象”和“重复性实践”,在不同的个案过程中,看那些重复出现的思想、行为、话语是什么样子的。我记得陈柏峰在他的“混混研究”专著中有一段话,讲一些村民把自己的小孩交给一个黑社会老大当马仔的时候,共同说的一句话就是:“我把小孩交给你了,他要么被砍死,要么就混出来”。柏峰调查的县市和我调查的县市不是同一个,但柏峰听到的这句话,在我调查的县市也出现了,只不过方言不一样。“毋意,毋必,毋固,毋我”这句话,运用在实地调查中,可以理解成要求研究者对于调查对象以及对象所处的时空场域,保持一种敏锐易感的心态,关注那些具体的“重复性实践”和“重复性现象”,敏感于“属性”“关系”“成分”“元素”这些抽象的层面或维度。

我们用类似于儒家的思想方法去进入现场,做到了“毋意”“毋必”“毋固”,仍然不能忽略“毋我”这个层次。我们以一种悬置或者现象学的方法进入现场后，实地调查的属性仍然是材料收集法。在“毋意”“毋必”“毋固”这种心性结构的作用下，实地调查仍然是一种发现材料的过程和手段，虽然这个过程和手段显得更加多层面，摆脱了平面化和单向度。或者说，这种具有现象学色彩的心性结构下的实地调查，仍然是一只用来发现材料的手电筒，只是功率更大，射程更远，更便于转向，还装上了感应器或者雷达。在这种情形下，“毋我”作为心性结构的意义就要登场了。

（二）“言忠信，行笃敬，虽蛮貊之地，行矣”

我们到实地调查，到调查对象之中去，有一个思路，可以超越仅仅把实地调查作为发现材料、发现问题的手段这个层次。这个思路是，研究者把实地调查过程本身当成提升自己、改变自己甚至在调查中激发灵感的一种方法。“毋我”是这个思路的起点。我们曾经讨论过量子论对经验研究的影响。量子论的原理，是说研究者进入研究现场之后，研究者的到场会对研究对象形成影响。由此产生的启发是，研究者在实地调查中与被调查者往来、互动的时候，研究者本身可能是作为一名被影响者，或者说，研究者与其研究对象之间发生了角色的转换。我们去调查的时候，倾向于把自己当成一个“学者”，有着看起来比较高端的身份。但是，有时候我们思维可以转换一下，把自己放低一点，想到在实地调查过程中自己发生了哪些改变。这种转换和改变，增加了我们思考问题的多维性。

发现意外也是一种实地调查的能力。另外，体恤、立场换位是人类学家的看家本领，如果说这一点在社会学学科中比较弱的话。我们的实地调查，应该界定为社会学的还是界定为人类学的？界定为社会学的，可能把它作为一种收集材料的手段；如果作为人类学的，就包括了注重在整个过程中去改变自己的前见。实地调查的过程，也应当是调查者抱着“同情心”“同理心”调整、完善甚至改变自己的过程，在发现材料的同时也发现新的意义。

"材料"和"意义"不是一一对应的关系。有时候材料很多了,但意义还没有提炼、还没有生成。我们有时会对一些已经到手的材料的价值视而不见。在与调查对象的互动中,研究者的立场、观点、方法发生转变和提升,也就是通常讲的脱胎换骨、醍醐灌顶或者"三观尽毁",(笑声)从我的体会看,在参与观察中更容易发生。在参与观察中,我们动用的不仅仅是视觉、听觉,还与调查对象一同去经历、去承担,对所调查的生活感同身受。没有这个提升的、改变调查者自己的过程,调查就会停留在收集材料的手段层面。

孔子讲,"言忠信,行笃敬,虽蛮貊之地,行矣",或许可以解读成,"忠信""笃敬"也是实地调查者应当具有的心境、心态和心智。实践中,有一种以"科学""客观""冷静"甚至"冷酷"为名义的实地调查心态值得我们重视。这种"科学""客观""冷静"甚至"冷酷"的心性结构之下,调查对象是被动的信息提供者,而不是在某些领域或问题点上能够为调查者提供高见和灵感的合作者。在这种心性结构之下,调查对象是处于下位的、最终化为调查者访谈对象统计数字的可替代者,而不是能够以自己的故事修正调查者的观点、立场的质疑者。说得刻薄一些,这种心性结构类似于把调查对象当成"小白鼠"。调查对象其实和作为调查者的我们一样,都有喜、怒、哀、乐、忧、欲、惧,都一样的聪明、真诚,都一样的有时执迷不悟、有时鬼迷心窍。调查者与被调查者,这对概念已经表明调查行为不可避免地产生一种权力结构,调查者应当主动缓和甚至转变这种容易激发不快感觉的权力结构,然而把调查对象当成"小白鼠"的心性结构或者说心态强化了这种感觉。这种很冷的感觉会传递给我们的调查对象。

在实地调查中,认同和信任很重要。我拿个小本子随时记,起初他们也好奇,翻看我记的是什么。后来习惯了,还夸奖我勤奋学习,帮我分析问题,出点子。有位老哥看到我在实地调查后写的文章，希望我把大家一起经历的事情都写出来。朋友们其实是很慷慨的。

## 五、“向无意义中发现”的概念提炼思路

这里主要介绍“中层理论”。杨念群的概括是：“‘中层理论’(theories of the middle range)在社会学中原则上被应用于指导经验性调查，同时也是描述社会行为组织与变化和非总体性细节描述之间的中介物。‘中层理论’当然也包含抽象成分，但是他们更多地接近于在经验研究中发现出可观察的材料时才发挥其作用。”[①]这段话很抽象，我们怎么转化成为一种分析的工具呢？我在研究过程中，比较注重“机制”“模式”之类。从不同主体的行为、观念中提炼共同的东西，分析其中有规律之处。

我对民警的工作模式进行了一个提炼和梳理，来尝试形成“中层理论”。不是说一两个概念就能达到中层理论的效果。研究应当有延续性。要在一篇文章中把所有问题都解决掉，这很难，可能需要积累研究不同的概念。有一种有效的思路，就是向无意义中去发现，强调那些边角余料的材料意义。与这个取向相适应的是，用来分析这些材料的概念、术语看起来也像边角余料一样不显眼，似乎无意义。我们的调查对象经常使用的口语化的概念，是我们以中层理论的思路提炼学术概念的一个源泉。比如“指标”“油水”“创收”“做工作”。当然，这些词语本身不是学术概念，需要我们对这些词语进行深层的分析。我们看黄光国、翟学伟等学者研究的“面子”“人情”“关系”，这几个概念其实都是我们

---

① 杨念群：《导论：东西方思想交汇下的中国社会史研究——一个“问题史”的追溯》，载杨念群主编：《空间・记忆・社会转型：“新社会史”研究论文精选集》，上海人民出版社2001年版。

日常语言中经常用的,但这些学者把它们提升为一种学术性的概念。

## 六、大数据条件下的实地调查及其心性结构的意义

关于“大数据”,之前有个消息,就是法院系统要把判决书全部都上网。政法体制内信息的公开,会对我们的实地调查、经验研究形成怎样的冲击?我们是不是利用大数据就可以了?我们的实地调查的意义会不会被边缘化?因为从逻辑上推论,它会导致这样的问题:如果文献研究可以解决,还要实地调查做什么?

我给大家看一个材料。这是我运用大数据收集的素材,主题是全国抗震救灾中的优秀模范候选个人,一共有四十位。在汶川地震救援工作结束后,要对全国范围内的优秀典型做一个表彰。最开始看这个材料的时候,我不能看出其中有什么意义,觉得完全是边角余料。但是某天,我在访谈的时候,遇到一个青年民警。由于他有计算机方面的专长,当时县局把整个民警信息能力提升的工作交给他。他用几个月的时间,对其他民警手把手地教。排名考核时,这个县的信息化工作在全市的排名从倒数第一上升到第三名。这个青年民警付出了很多辛勤的劳动,中间病倒了去医院住院。但是后来年终总结,跟这个工作有关系的领导们受到了各种表彰,他作为具体的操作者、作为一个年轻的民警,最初连嘉奖名单都没上,后来在一个领导的帮助下才把名字列进去。这个事件对他造成的伤害比较大,伤了他的心,加上自己又是外地人,就马上再次参加公务员考试考回原籍了。“伤心者不可以致功”啊。经验丰富的同志可能认为这位青年民警“政治上不成熟”,太较真。对这个民警访谈后我才发现,前面那个模范典型的材料可以做新的分析。从这四十位候选人的简介看,其中基层一线的民警或战士、没有行政职位的民警只有六位。这个比例说明了什

么?把这个边角余料与实地调查相结合来分析,可以看出现行体制中的立功表彰体系的运转,可以看出"激励""士气"等基层政法的组织维度要素的重要性。大数据和实地调查相结合,使"边角余料"发挥了重要作用。

当然,如果只是把大数据看成网络信息的量的增长,那并没有把握大数据的内涵。大数据还包括分析系统、分析工具的升级换代。大数据和实地调查不是此消彼长的关系,而是互补互证、一加一大于二的关系。在大数据时代,原先必须经过实地调查才能获得的信息,通过网络便可获得,由此,调查者自我反思、转换角色与立场、注重微观细节、重视"边角余料"等特质显得更有意义。由此我主张,对于实地调查,我们不能把它仅仅当成一种发现材料的方法。如果认为实地调查只是发现材料、收集材料的手段,我们极有可能在自认为材料已经足够之后,结束调查,退回书斋。

## 七、"讲故事"或"叙事"

这里插入一个技术上的问题:写作中如何"讲故事"?或者说,我们在经验研究时如何处理"叙事"这一环节?既有的叙事主要有这样几种模式:第一种是强世功、赵晓力模式。他们的开风气之作,是对调解的个案研究。在对西部地区一个乡村法庭的调解研究中,他们的叙事是把整个调解过程一点一点讲出来,在叙事中适当地运用社会学理论细致解释、论证。[①] 第二种是吴毅模式。吴毅先生在展开农村研究时,把自己在长期的调查过程中形

---

① 强世功:《"法律"是如何实践的》,载王铭铭、王斯福编:《乡土社会的秩序、公正与权威》,中国政法大学出版社 1997 年版;赵晓力:《关系/事件、行动策略和法律叙事》,载同上。

成的工作日记、心得体会、访谈记录等作为基本材料，按照一定逻辑分出篇章，整合成文。[①] 与前一种模式不同，在这种模式中，叙事的分量远大于解释和论证。第三种是赵树凯模式。赵树凯先生在基层一线有很长的挂职经历，有趣的是，他的作品里很少引用那种现场感强烈的具体细微的材料，比如访谈的问题是什么、访谈对象的回答是什么、访谈时间及地点是什么之类。他没有采用这种方式，而是把自己在实地调查过程中捕捉的一些典型现象进行概括描述，或者把自己总结的命题、论断直接叙述出来。[②] 第四种是朱晓阳、赵旭东模式。这种模式属于人类学民族志书写。[③]

"讲故事"或"叙事"，对文笔有极高的要求。我们阅读的一个习惯是急于去寻找结论。你进行了这么多的"深描"，这么多细致的关于张三李四的叙述，到底要达到怎样的目的？大家想直接看你所要达到的目的是什么，可能把你的描述简单地瞄一下、快速地翻看过去。在何种情况下，你的这种微观的叙述是有意义的或者说能达到效果的呢？这对文笔的挑战比较大。这个挑战导致另外一个问题，当你显得文笔很好的时候，我们就会问你是不是在搞文学？我们会担心经验研究、民族志书写最后会不会变成文学？对于这类问题，或许我们可以反问一下，是文学又有哪些问题？可能文学与否并不是问题的要害。我们可以把经验研究中的叙事和绘画的功能相比拟。从艺术或者技艺层面考虑，有了摄影技术，绘画作为专业是不是面临没落？绘画仍然有她的力量。

---

① 吴毅：《小镇喧嚣：一个乡镇政治运作的演绎与阐释》，生活·读书·新知三联书店 2007 年版。

② 赵树凯：《农村的政治》，商务印书馆 2012 年增订版。

③ 朱晓阳：《小村故事：罪过与惩罚(1931—1997)》，法律出版社 2011 年修订版；赵旭东：《权力与公正——乡土社会的纠纷解决与权威多元》，天津古籍出版社 2003 年版。

我们的实地调查、经验研究也有自己的力量。共同点是揭示真实，趋近真实，参与历史的书写。

关于实地调查，朱晓阳老师提出了"熬时间"的理念。我把它理解成在实地调查中去和调查对象一道消磨时光，在试图离开实地调查现场之前说服自己再在那里停留一段时间，去发现一些本以为没有意义的事情背后的意义。我们是要把实地调查真正做成一个辛辛苦苦的、有汗水的、有很大代价的行动。在我们这个时代，许多材料对我们完成一篇论文来讲，是已经足够了，但是对于解决具体问题，是不是足够，仍是值得怀疑的。残缺是万物的常态，我们应当容忍残缺，并在残缺的限度内追求圆满。

## 延伸阅读文献

### • 著作

〔德〕齐美尔:《社会学——关于社会化形式的研究》,林荣远译,华夏出版社 2002 年版。

〔美〕素德 · 文卡特斯:《黑帮老大的一天》,孙飞宇译,上海人民出版社 2009 年版。

宣侠父:《西北远征记》,文史资料出版社 1982 年版。

郑也夫:《信任论》,中国广播电视出版社 2006 年版。

朱晓阳:《面向"法律的语言混乱"——从社会与文化人类学视角》,中央民族大学出版社 2008 年版。

### • 论文

刘南平:《法学博士论文的"骨髓"和"皮囊"》,载《中外法学》2000 年第 1 期。

强世功:《乡村社会的司法实践:知识、技术与权力——一起乡村民事调解案》,载《战略与管理》1997 年第 4 期。

苏力:《法律社会学调查中的权力资源——社会学调查过程的一个反思》,载《社会学研究》1998 年第 6 期。

王伟臣:《法律人类学的身份困境——英美与荷兰两条路径的对比》,载《法学家》2013 年第 5 期。

易江波:《被数字型塑的生活:指标督责型治理下的基层生存状况——以派出所办理吸毒案件的参与观察为基础》,载《云南大学学报(法学版)》2011 年第 5 期。

# 华中村治研究群体的经验训练

陈柏峰

陈柏峰，男，中南财经政法大学法学院教授、博士生导师。中南财经政法大学法学学士(2002年)、法学硕士(2005年)，华中科技大学社会学博士(2008年)，哥伦比亚大学访问学者(2012年9月—2013年9月)，香港大学法学院访问学者(2010年6—7月)。在《法学研究》《社会学研究》《政治学研究》等学术刊物上发表论文70多篇，出版有《乡村江湖:两湖平原混混研究》《乡村司法》《暴力与秩序——鄂南陈村的法律民族志》等学术专著。入选教育部新世纪优秀人才支持计划(2012年)，获霍英东教育基金会基础性研究项目资助(2011年)。

按原计划本来是要给大家谈地权问题,顺便讲讲自己关于地权问题的研究经历。但现在我要改换一下话题,想给大家谈一谈华中村治研究群体的研究方法。我觉得对于各位同学来说,研究方法比具体的某个研究题目可能更为重要。

我想有一点应该是没有争议的,那就是华中村治研究群体在中国所做的田野研究是最多的,量也是最大的。这些研究成果也引起了不少争议,有一些学者提出批评,当然也有学者是持表扬的态度。

## 一

我今天主要介绍一下我们做研究的方法。从我个人的研究经历和感觉来说,这些研究方法对初学者是很有帮助的,因为初学者光从书上看怎么做调研其实很难有理想的效果。

像我这样学法律出身的人进入经验研究,其实很偶然。当然有地域因素的影响,因为武汉可以说是全国农村研究的中心。记得 2004 年的时候,我的同学尤陈俊(他现在就坐在这里)约我一起去拜访我后来的导师贺雪峰教授。在此之前,我看过贺老师的一本叫《新乡土中国》的书,觉得这本书挺不错。后来我也找了他的另外几本书来看,但是印象并不是太好,觉得讲的都是些鸡零狗碎的东西,看起来没什么理论底蕴,连脚注也没几个,似乎都是他自己在讲农村的事,给人的感觉是没有学术传统。然而,过了几年,我进入田野以后再回过头去看,感觉和看法就很不一样了。

我慢慢得到一个结论，那就是看别人的东西看不懂时，不要急于否定，我们看不懂，可能是因为自己还没有达到一定的高度和深度。我现在看一些人的东西，也还是有看不懂的感觉，包括一些很有名的学者的成果。有了上述教训之后，我对别人的成果不会轻易地去否定，看不懂可能需要过一段时间回过头再看。

在法学院里，如果你爱好学习的话，老师指导你读书时，一般会建议从柏拉图读起，然后是亚里士多德，沿着这个思路去读西方名著。但是，当你读到黑格尔或康德时，你估计就读不下去了，对不对？法学院中爱好学习的学生，很多都是按照这个思路去读书，但其实很少有人真正读完几本著作。我算比较用功的，（笑声）是认真地一直读到黑格尔，康德的著作就实在读不懂了。我读这些东西的时候虽然很勤奋，但还是感觉自己对经验问题的感觉比对理论问题要稍微更好一点，也更感兴趣一些。

我最早关注经验问题，是与一位大学同学有关。我的这位同学本科一毕业就在新华社湖北分社工作。他刚工作的时候经常来找我，我那时在读研究生。他问我为什么有些人收到法院判决后总是不服，到处上访，还跑到新华社来找记者。他告诉我他那里有很多这种材料。我最初对这些问题的兴趣不大，也回答不了他的疑惑。有一次我这位同学发火了，他说你读那么多书有什么用，我讲的实际问题你根本没法回答。这话有一点刺激到我，让我下决心弄明白他说的问题。后来我就去新华社把他那一沓材料全都提回来。那个暑假我就一直研究那沓材料，最终写了一篇文章。很多老师见了我，都对我说很早就看过我的文章，就是那篇 2004 年发表在《中外法学》上的文章。[①]这篇文章就是我研一的暑假，受那位同学的刺激而写的。他帮我开了这扇窗子以后，

① 陈柏峰：《缠讼、信访与新中国法律传统——法律转型时期的缠讼问题》，载《中外法学》2004 年第 2 期。

我感觉自己处理经验问题比处理理论问题更愉快，面对理论有时候是很受挫的——读不懂真的很受挫。（笑声）

研二的时候，我与尤陈俊拜见贺雪峰教授以后，贺老师觉得我对经验问题有兴趣，感觉挺好，于是还给了我一些资助，建议我用这笔钱去做调研，硕士论文可以从这方面选题。后来我就以经验问题为研究方向完成了我的硕士论文，前几年已经正式出版了。[①]再后来我跟着贺老师读了博士。

现在华中学派以贺雪峰教授为中心，聚集了很多研究人员，做调研的强度和规模非常大。包括我在中南财经政法大学带的研究生，也跟着他一起做田野。我带的读书会的学生，我也要求他们做调研。这些学生大部分是法学院的，但不限于法学院，有一些是经济学、政治学、社会学或者工商管理专业的学生，各种专业的都有；他们读书选择比较多的也是社会理论的书，有时候我也带他们去做一下调研。从我 2004 年认识贺雪峰教授，2005 年跟着他做调研，到现在也有七八年的时间了（当然他之前也有很长的研究经历）。我们华中村治研究群体这批人慢慢地形成了相对成熟的研究方法。研究方法是逐渐形成的，我刚开始跟贺老师做调研时的一些方法，跟我们后来用的就不一样。

大概是 2008 年、2009 年以后，我们这群人形成了一个相对固定化的、自己总结的研究方法。尤其是对于初学者来说，这种经验研究方法相当管用。我们的资质不是那么的高，贺老师就是这么说的。他说北大、清华那些人，确实比我们聪明，人家智力就是要高一些。我们这些智力一般的人怎么去做学问？我们可能要去用笨办法；那么有没有巧办法？华中村治研究群体摸索出来的，很大程度上就是巧办法。比如说我在我们学校里面算是学术

① 陈柏峰：《暴力与秩序——鄂南陈村的法律民族志》，中国社会科学出版社 2011 年版。

产出量比较高的。很多老师觉得我真勤奋，成天还去做调研，真辛苦。其实他们不知道的是，做调研是一个成本很低而收益很高的活儿。确实是这样的，这比做法律史研究要轻松很多。做法律史研究的学者用三个月的时间写一篇文章，还会容易被人质疑很轻浮——三个月就写一篇文章，太轻浮了！史料有没有搞清楚都有疑问。但是我花一个月去做田野调查，再用一个月梳理田野经验问题的学术谱系，剩下一个月就可以写几篇文章了。所以这个效率是很高的。当然这跟农村研究本身有关。如果你做城市研究，可能就没有这么高的效率。农村研究和城市研究所面临的权力结构是不一样的。中国正处在这么一个转型时期，有这么一个农村，我觉得这是训练我们经验质感很好的机会。你做了农村的田野调查，以后不一定都选择农村作为调查对象。像我带的研究生，现在坐在下面的刘磊同学，他的硕士论文以城管问题为选题。他在城管局待了几个月做调查。同样坐在下面的研究生于龙刚同学，他的硕士论文是关于警察执法行为，他为此在两个派出所待了几个月做调查。虽然他们都不一定要专门做农村的调查，但是他们都会在农村做调研以训练自己的经验质感。

## 二

今天我要给大家介绍的就是，华中村治研究群体是怎样在农村里面训练这些对经验现象的质感的。我觉得这是个很重要的问题。

有时候别人问我一些问题，我常常没法回答。比如说经常有本科生或研究生找我说，他们申请到了一个教育部或者学校资助的课题，想设计一个问卷请我指导指导。这时候我觉得很为难。同学们很热情，但是我不能粗暴地跟他们说，我没办法指导你们。有的同学如果确实有学习的热情，而不只是为了申请到一个项目用作将来保研等用途，我就会跟他们说，我开了一个读书会，你到我的读书会来，多学习理论，我们才好进一步交流怎么做研究；至于项目届时很好应对，我可以指导你写作的思路，你现在不用着急，到结项的时候，应该就能结项，有可能还可以获得优秀。支振锋教授上午跟我说他审了一篇文章，觉得挺好，最后交谈下来发现正好是我曾带过的一个学生写的。这个学生大一时找我指导他申请的项目，然后听从了我的建议，从大一开始就跟着我读书，读社会理论的书，奠定了比较好的基础，读了研究生以后，就慢慢进入经验的研究，很快就有感觉。

华中村治研究群体的经验研究方法，如果从粗的方面讲，引用贺老师的话来说就是要"练两经"。两经是什么呢？一个是读经典，另一个做经验研究。读经典就是要求所有的学生在硕士阶段以前尽量不要做调查，要读书，而且要读经典著作，读那些被实践证明了的、是某一个学科的经典的著作。比如说社会理论的经典著作，可能有那么几十本书。还有管理学、经济学、法学方面的。随便什么专业的书都可以，但是你要读经典著作。读书会一般从本科的时候开始，到硕士时主要任务仍然是读书。但是硕士时开始慢慢地进入田野，在暑假或者寒假的时候进入田野，平常的时候是不去做田野研究的。做田野就是我们这些老手或者博士的那些师兄带着他们去做，硕士生作为新手也没有任何硬性的任务，就是跟着去看别人是怎么做田野的。

在硕士阶段之前基本是要求读经典著作，但是进入硕士阶段以后，也要开始读一些研究性的著作。贺老师一般都会特别强调，不要读华中村治研究学者自己的著作。这有点反其道而行之，因为一般的老师会要求学生读他自己的书，说你连我的书都不读，那你怎么领会我的意思？但贺老师要求大家不要研究他自己的著作。而且，如果一个本科生或者硕士生拿着一本贺老师的书去请教他的话，他会不高兴的。他不愿意给你解释，但他一般会说,你以后自然就明白了,现在给你再怎么解释也是白费力气。当然也有很多学生悄悄地去读了,因为你进田野的时候,很多东西你搞不明白,师兄说话时你觉得自己都进入不了他的话语系统,所以回头得去看之前的人做的研究。但是一般这个时候还是以读经典为主,到了硕士高年级以后,到面临写作硕士论文的任务的时候,才会正式进入田野,或者借助暑假的机会,或者单独地做一些田野研究。

## 三

关于田野研究的方法,贺老师有个说法,他称为"饱和经验法"。贺老师喜欢自己造词,有的词我也不一定赞同。他造的词很多,外面的人也不一定都能懂。

"饱和经验"就是说要做很多很多的经验调研。那怎么个多法呢?他有一个要求,就是要求每个博士生,每年至少要有一百天住在农民家里做调研。在贺老师那里,你到博士阶段基本上就没什么时间读书了,再读书的话只能偷偷地读,因为贺老师已经把你的时间全部控制了。他很霸道,(笑声)你的时间全部得由他安排。这一点其实我个人有时候比较不满,(笑声)他开会开到晚上十二点钟你会受不了,身体受不了。要是你满足他的要求的话,你就没有时间做别的了,连谈朋友的时间都没有。他说如果你的女朋友不能理解你的事业,就没必要在一起,如果你的女朋友连你这点事业感都不能理解,那以后那么长的日子怎么办。还不如趁早就分手嘛。(笑声)博士阶段每年至少有一百天在调研,这个时间就占据了(一年的)三分之一。你调研回来,基本上就很疲倦,休息几天以后,你想写一下调研报告,但是你关于这个调研报告的想法还没完全写出来时,下一个调研又被安排了。而且贺老师要求在做博士论文之前,你必须至少要在十个左右的省份做过调研。为什么要这样安排？我待会儿再讲。在这种训练下，大家的经验感会提高，我们刚进入这个领域的时候，有很多老师说你们虽然写了那么多东西，但我觉得创新不大啊。但贺老师认为重要的不是这个阶段来创新，创新是博士毕业之后的事情。他对年级高一点的学生的研究会提创新的要求。比如说我的兴趣比较广，碰到什么都有兴趣，都想要研究。他就经常批评我说，你要在一个地方挖深井，不要再像以前一样东一锤西一锤。他对博士生的要求，跟对工作以后的学生的要求就不一样。对博士生的要求就是你什么都应该去关注，你不要想着你是做什么研究的，你就是要去做农村研究，去培养经验质感的。这种"饱和经验"的特点，首先是量比较大，然后是在调研的时候，他不给你任务，没有预设任务，所以是不预设目标的。

当然这不代表我们调研时没有提纲。我们做调研时也有提纲，但是是很粗的提纲。在我们这里，拟定提纲最早是我和董磊明老师的摸索。记得有一次在河南开封做调研时，我们俩有时候问这，有时候问那，有时候这会儿想着说待会儿碰到另外一个问题时把另外一个问题问一下，但结果却忘了，就觉得挺可惜的。那个人那么能聊，我们当时怎么就忘了问那个问题呢？后来我们就觉得应该列个提纲，说以后我们进了村以后，这么十个八个问题每个人都问他一遍。这才慢慢地有了提纲，刚开始提纲都没有，那时见到人后就找他聊天，然后你发现什么有趣就去研究什么。当然，关于之前的研究，你们可以去看贺老师的书，那里面有些文章做过梳理，我就不再赘述了。我们慢慢地发展出来一个"半结构化"的提纲。当然有时候也会有一个附带的项目，一个调研队伍里面，七八个人可能有一个人被安排了任务，最后这个人要写一个应付项目任务的报告。其他人基本上是没有任务的。我们就拿着这个提纲去访谈农民。这种提纲是有了，但是没有目标；它有一个问题域，但没有具体的目标。有的人下去调研（比如说有很多做定量研究的)，目标很明确，他说我就是要下去验证一下社会团结与村民政治意识之间有没有关系，所以他可能很明确地有十五个问题或多少个问题需要被调查者去回答。而我们觉得进了一个村以后，有好多问题都需要关注一下，土地问题、水利问题、农民纠纷问题、婚姻问题、家庭问题，很多可能都要去问一下。你问每个人的时候，他的兴奋点会不一样；你发现哪一个问题在这个人身上值得挖掘，你就继续往这一方面深入去问。比如说，你发现一个访谈对象对农村婚姻仪式的变迁很清楚，他是个礼生，他就是负责主办红白喜事这些事情的，那你就重点问这方面的事情；另外一个人是个"老掌盘子"，他经常解决村民间的纠纷，他这方面很有经验，你就去问他这个；还有一个人是村干部，经常到外面跑项目的，你就去问他关于项目的。就是说你看他的兴奋点在哪里，你就去问什么。

## 四

这种调研方法，第一是前面讲过的不设目标，第二是要总体把握。之所以要讲从总体上去把握，就是因为我们对一个现象的解释，往往需要与其他现象关联起来理解。比如说，你发现这个东西很有趣，要解释它，就需要了解各方面的信息。

我举个具体的例子。中央电视台曾报道过，说现在礼崩乐坏真不得了，农民办丧事的时候，放的都是《今个儿真高兴》这样的歌曲。(笑声)确实是这样，我见过多次，而且不但放这样的歌曲，还有脱衣舞表演。(笑声)比如说我见到一个案例，属于比较极端的。他老娘死了，办丧事，外面表演脱衣舞。老头子就不愿意了，要把他们赶走。他儿子就说不行，对表演的人说你们继续。表演的人问我们到底听谁的，儿子说谁给你们钱你们就听谁的，于是就继续表演。中央电视台就找了个民俗专家去对这种事情进行评论。这个民俗专家我觉得水平很低。他说现在礼崩乐坏。他只会在这个基调上进行道德谴责。我们研究问题,是要进行更深层次的社会科学的解释,不能仅仅道德谴责了事。这个民俗专家之所以只会泛泛地做些道德谴责,坦白地讲,是因为他没有深入研究过这个问题,而我们往往又把他们当专家去询问,这时他就只能应付一下。如果换作是我,我就会去用竞争去解释。我认为这实际上就是一种“面子”的竞争,因为现在大家都很忙,你不办一点涉黄的东西,大家就没兴趣去。(笑声)大家都不去,就会导致你办丧事很冷清,就觉得人死了也没意思。你只有办一场脱衣舞,吸引大家就都去了,去了以后就热闹。人死了办丧事的场面,其实就图个热闹。我们虽然有白喜事这么一个说法,但是人去世是一件比较悲伤的事情,对不对?而且应当是一件严肃的事情。这个时候你唱《今儿个真高兴》真的不恰当。我外公去世的时候,乐队也播放一些喜感的歌曲。我当时确实有点生气,就要去管这个事情。我母亲就拦着我不让我管,她说你是外面回家来的,要给大家尽量树立好的形象,这种场合你不能发火。她说现在都这样,你管那么多干嘛呢?那是她爸爸去世了!(笑声)对这种现象,你要进一步解释它为什么会这样。这就需要社会科学的解释。你在关注这个问题的时候,如果你只关注一个方面,你根本就不会知道原因究竟在哪里。你从一个现象本身是找不出解释这个现象的因素的。哪个因素有用,之前你是不知道的,是无知的。所以,你掌握的因素越多,你就越有可能把这个解释链条给找出来。这就是我所说的要总体把握。

总体把握的另外一面是要注重细节的例外。访谈是个很容易令人疲倦的过程,因为你见了十个人,问了同样的问题,而那些问题的答案你常常还都知道,也就说你问他们的时候,你常常是知道答案的。但是,是不是说你知道答案,你就不用问了呢?那也不行。我去了那么多的地方,大概有十几个省,大部分农民他会怎么回答问题,他是真的还是假的,我一般都知道,大概只有百分之一的意外。虽然最后的学术创新就藏在那百分之一的地方,但前面那百分之九十九的无用功,你还是必须去做,而且必须聚精会神地去做,因为你不知道哪个地方是百分之一,所以你就必须不断重复。尤陈俊有一次和我去山东青州做调研,他就觉得我们见了人重复地问问题,然后他就疲倦了、麻木了,睡着了。(笑声)

做调研有时候确实非常令人感到疲倦,也有很恼火的时候。比较困难的时候是什么呢?有一次,我一个人带了三个新手去做访谈。一上午是我在问,一下午还是我在问,我上个厕所,他们都等我出来再问。(笑声)这个时候是最累的。如果我带个熟手的话,我问一会儿后,如果不想再问了,我就会说你问吧,我记笔记。这样我就可以轻松一点。你一个人做访谈是很累的,因为你的精神必须集中。虽然调研很累很疲倦,但为了这百分之一的意外可能成为我们学术创新的地方,我们就必须坚持下去。

我们去访谈的时候,大部分地方是我们已经学过的理论可以解释的,而碰到那个意外的地方时,就会觉得这个事情怎么这么奇怪,觉得我对这个事情不理解。不理解就是说我没办法用自己已经掌握的理论去解释它。因此,你得有理论准备。没有理论准备,你本身就发现不了问题。比如说农民他对自己的生活很熟悉,你问他什么,他就觉得这还不简单么,你们这些大学生怎么这么傻呢?还有的时候,他认为就是这样的,这个问题你不用多想。比如说你问他这个人为什么自杀,他就说还不是因为家里没钱。你问他,千篇一律都是这样回答。你要问他为什么另外一个家里很有钱的也自杀,他就说有钱他精神就空虚嘛。(笑声)他总是用这种日常生活中大众传媒传播的那一套解释模式去解释一切,他不觉得有任何矛盾。但作为一个社会研究者,你就能发现问题。贫穷和自杀之间有没有联系?这就要严谨地去分析了。到底有没有关系？这不是三两句话就能解释清楚的，我现在也不能给出一个结论。或许贫穷对自杀有影响，但贫穷不是直接因素，它会通过一个中间变量去影响，那么你去调研的时候，就要总体把握，把那个中间变量给找出来。

所以，这里面涉及的第三点就是不要怕重复。重复也是一种工作，也是调研时必需的。你去一个陌生的地方，往往在第一天、第二天、第三天会觉得很新鲜，因为你没去过这个地方，别人讲的什么都是新鲜的，都是有感觉的，都是增进了你对这个地方的理解。但是接下来一个星期的话，可能做的都是无用功，之前别人都和你谈过了。但是可能到第十一天的时候，你发现了一个新的问题。这就要你不断地去重复，或者过了几年以后回去看，你会有新的感觉。我上午本来是想问朱晓阳老师一个问题的，但是没来得及问。人类学家的任务通常就是所谓的"进村找庙"。朱晓阳老师与小村结识近四十年，他到现在才发现村里的那个石猫猫对村民来说是很重要的。你们想过这个问题没有？朱老师当年在小村当知青，后来就做这个地方的研究，他最近几年才发现那个石猫猫原来很重要。其实这是非常正常的现象。那些熟悉得不能再熟悉的东西，经过一段时间之后，可能会重新陌生化。你这时再去研究它，重新熟悉化。这是我们做田野研究必经的一个过程。

## 五

我再举个例子来说。我的博士论文研究的是"混混"。很多人见我这个样子，说你是不是跟混混一起混，混进去了刚出来？（笑声）大家老喜欢拿我的博士论文跟我开玩笑。

我们有不少对古代边缘群体的研究，例如流民、光棍、地痞无赖，但是混混跟之前的这些群体是没有血缘关系的，甚至可以说是一个新的社会现象。

那么这个问题又是怎么发现的呢？我要感谢我的一位老师罗兴佐教授。罗老师去调查水利问题，我那个时候正在放暑假，于是贺老师就让我一起去培养经验质感。回来以后，贺老师就问我有什么感觉啊。我当时评判问题很道德化，我回答他说你们荆门人真坏（我们调研圈子里面一直都说荆门人比较坏）。（笑声）我跟贺老师说，我去到当地，确实觉得荆门人坏，一个人在外面坏那不叫坏，中国人在外面坑别人是应该的，（笑声）但是在家坑自己的亲人、家人、邻居，这就是坏，这比在外面坑人的坏得多。荆门有两家人因为水利灌溉的问题争水，两个人打了架，第二天出现什么情况呢？这两家人各纠集了一帮混混弄到村里去了，每边几十人。这怎么得了！就为了一点水而吵架，你就把混混全都搬到村里面去了。那些混混都是在市区里面混的。这个在我的老家是不可想象的。所以我回去就对贺老师说荆门人比较坏。

贺老师先是把我批评了一顿。他本身对大家说荆门人比较坏心里就感到不舒服。（笑声）然后他从我告诉他的这个例子里面进行反思。他后来在《读书》上发了一篇文章，题目叫《私人生活与乡村治理研究》[①]，其中就讲到了这个问题。他感慨地说，自己每年都要到荆门去做调研，做了十几年的农村研究，很多同学和朋友都经常谈到"混混"这个再熟悉不过的问题，但自己却一直熟视无睹，因为自己根本就没发现这个问题。当然这个问题也不是我发现的。我只不过是讲了这么一件事情，结果突然触发了贺老师对这一被忽略的重要群体的反思，后来他就写了那篇文章。

后来我做博士论文选题，其实那时我更想研究农民自杀，但是贺老师的坚持，使我最终选择了研究混混这个问题。这就是一个关于怎样发现新的研究对象群体的例子。我敢说这是一个新

① 贺雪峰：《私人生活与乡村治理研究》，载《读书》2006 年第 11 期。

的问题，因为过去虽然有看似与其类似的群体，但是混混却是新中国或者改革开放以来重新崛起的一个边缘群体。一个社会的秩序与边缘群体是有极大的关系的。革命是怎么回事？革命就是少数知识精英把底层的边缘群体给动员起来了。一个社会如果不把边缘群体安置好的话，是很危险的。而对于混混这个群体，我们之前却几乎毫无研究。对于我来说，发现这么个很有意思的问题，完全是出于意外。

其实我们的很多问题都是来自意外，都是原先在不断地重复当中没有什么感觉的，结果过了很久以后，不一定是在田野里面，可能是在生活里面别的方面发现了问题。比如说本土心理学方面的一些研究。我自己有一篇这方面文章是比较得意的。我觉得这篇文章过了很多年后可能还会有人去看。我的这篇专门研究"气"的文章[1]，是从社会学的角度讲我们本土的概念以及它是怎么样牵扯我们本土的生活的。提出"气"这么个日常生活中的概念，这本身就很重要。虽然我这文章可能从学术规范或者逻辑结构上讲不是那么完善，但以后的人他再要关注这个问题，那么他就需要重新审视我讨论的这些内容。所以说在田野调研里面，关键的是意外。

这种意外跟读书是一样的。我叫同学们去读书的时候，有很多同学说老师我资质不行，师兄们一个星期读两本书，而我两个月两本书都没读完，或者我读完了但我真不知道他讲了什么，我合上书后我就觉得没读过。(笑声)我说你读书得有一个量的积累，你的阅读能力才能提高，如果你没有量的积累，你的阅读能力是不会提高的。读书不一定是为了去做研究的，其实读书最主要的是培养阅读能力。你毕业后去律师事务所，去会计师事务所，

---

① 陈柏峰：《"气"与村庄生活的互动——皖北李圩村调查》，载《开放时代》2007 年第 6 期。

你将来工作了，面对堆得这么高的档案资料，你要把它的条理理出来，而你只有三天的时间。如果缺乏阅读能力，你能知道哪个地方是重点么？调研和阅读是一样的，第一次去时你觉得我只是小跟班，但等你去得多了以后，你的经验丰富以后，你就慢慢可以提出一些问题，你就会发现一些理论解决不了的问题，发现掌握的工具还解决不了的问题。而这些就是意外。

## 六

从具体的方法来说，我刚才已经讲了，贺老师要求我们进行多点调查，要去很多很多地方，要做区域比较。我甚至觉得我们的经验型知识都是来源于比较，没有比较的话，你是不会发现你掌握的这个知识的。农民对他的生活非常熟悉，但是他发现不了问题，因为他没有比较，他也没办法进行比较。但是如果你比较了两个不同的地方，这种感觉就会变得非常强烈。为什么这两个地方会不一样？这个时候你就会去提问。

我们很多做中国本土问题研究的学者，其实不只是在做中国具体的研究。包括苏力老师，我觉得他也有一个比较，只不过和华中村治研究的比较对象不一样。华中村治研究是把中国不同的地方拿来比，而苏力可能是把中国和西方国家进行比较。大多数的比较都是后一种模式，只不过大部分人没有苏力那样的经验感和智识能力。之前那么多人去了新疆，也没见到他们得到了什么大的学术性启发。而苏力去西藏、去新疆，就能比较出很多问题。这些知识在他那里一比较以后，就会发现问题，发现问题以后，他就回去找文献，看别人是怎么解释这些问题的，然后他发现这些解释都无法令他感到满意。他不满意，这就是他的学术增长点。学问就是这样做出来的，要不断地去刺激它。

我们华中村治研究群体做的调研，可能在异文化的强度方面不是那么高,但是你要进去的话,还是有困难的。我虽然是湖北咸宁人,但在文化上其实不太认同湖北,我老家在文化上的感觉更靠近江西。我的意思是说同样是湖北的农村,它们之间其实还是有差别的,还是有性格地图的。当然,要说不一样,每个村庄都不一样。但当你放在一起比较的时候,你就会发现这一片的村庄和那一片的村庄真的不一样。你有了调研过的很多点以后,就会发现区域性的差异。中午我们和朱晓阳老师吃饭时,朱老师就说小村和隔壁的村肯定不一样。这个我们当然是不否认的。不同的村庄会受到很多偶然性因素的影响,它们肯定是很不一样的。但是你在这些“不一样”当中,也可以提炼出“一样”出来的。比如说昆明的两个村庄的差别,如果拿去跟湖北的村庄比的话,可能就不是差别了。这种共性,只有我们做了大量调研后才能够发现。

我们做的调研通常都是集体调研。我们去调研的时候,不是所有的七八个人都放到一个地点。我们是两三个人一组分别放在几个村里,调研两天以后,大家会从分驻的不同村庄聚集到镇上去开会。开会的时候,大家会把各个村的情况汇总起来互相交流。这时你就会发现大多数情况下它们的共性是很大的。虽然每人只是负责调研一个村,但我们是蹲点调研。具体来讲,首先选择一个村,在那里坚持调研一两个星期以后,我可能去镇上找当地的干部帮忙,让干部帮忙把每个村的村长或村支书都叫到镇上,然后跟他们谈。这样一来,至少一个镇的情况就比较清楚了。干部尤其是乡镇的干部,他们都是在全县范围内流动的,对全县的整体情况往往都很了解。他会跟你讲,我们县南片和北片还是有点不一样的。你听他讲一个县域的情况后,这个地方的同质性程度有多高,你就会有一些把握了。当然,人不可能两次走进同一条河流,也从没有两个东西是完全一样的。关键是这个共性在什么地方。所以你必须进行多点的调研。贺老师说的是区域的比较，而不是说多点的调研、多点的比较，就是因为他认为同一个区域的不同村庄之间有一定的同质性。对于我们做学术研究的人来说，过于偶然性的因素，很多时候其实并没有很大的学术意义，虽然也不总是这样。找出一些有共性的东西，可能会更有用一点。举例来说，比如农民上访。不是说农村负担越重的地方，或者政府行为越不受约束的地方，那里的上访就一定越多。事实也有可能是，那个地方的政府行为很不受约束，但是当地的上访数量很少，那些政府相对来说比较受约束、比较讲规矩的地方，反而上访数量越多。在这种具有区域性的共性的前提下，你怎么去解释这种现象呢？这就需要你进一步研究并给出答案。

集体调查和现场研讨，这也是我们慢慢发展出来的调研方法。从这方面来说，我觉得毛主席真的很厉害，他没受过社会学的训练，但他干什么都像模像样。当然，我们看他的农村调查文集，也能找出很多问题。你能明显感觉到他是用阶级的框架去套一些东西，他有他的局限。但是毛主席确实有非常高明的地方，他没有受过系统的学术训练，但你读他的东西，你会发现他跟受过系统的学术训练的费孝通讲的很多东西有相通之处，有共同点。毛主席讲一个人怎么对很多人做调研。我觉得我现在都没有这种能力。（笑声）毛主席的控场能力不是一般得强，所以他能够一个人对多个人同时做调研。这跟人的气场有关，有的人气场大，有的人气场就小一些，气场小就控制不住场面。毛主席对方法讲得比较少。我记得他讲到方法时最后说："具体我就不多讲了，同志们还是下去吧。"下去后自然就会有方法。方法其实不是那么重要。毛主席说只要你和农民做朋友，农民就会跟你讲。记得有一次我们探讨方法的时候，杜克大学的史天健教授——很遗憾已经去世了，英年早逝——对我讲的就很不赞同。他说陈柏峰你怎么能这样跟农民问问题，这个在学术伦理中是绝对不允许的。但是我自己的感受是，你对知识分子做访谈肯定要很注意，因为你无意中的一句话刺伤别人,别人就不会再理你,但是农民不一样。史老师说,学术伦理中有一条,你不能让访谈对象回答他回答不了的问题。但我在访谈中却经常为难农民,提他们回答不了的问题,因为我重点是想看他们对这个问题的反应。这也就意味着我不一定是要让他们给出问题的答案。像自杀问题的原因,农民肯定是回答不了。但是当你去逼问他时,他会提出一些值得你深究的因素来。他提出的那个因素,虽然他自己没办法解释,但会启发你一个思考的方向。

集体调查的时候,不同的人在不同的地方做调查。有一对一的调查,不过比较多的是一个老手带着几个新手对一个人做访谈。新手的提问有时候方向不明确,而且会提一些离奇的问题。但这些并不都是没有意义的,有时候恰恰是那些离奇的问题,可能激发了农民的表达欲,或者是农民突然在这个问题上找到了他对你的优越感,然后他的表达欲就突然出来了。如果说什么都是由你来控场的话,农民就没有优越感了,他会觉得很被动。有时候你问一个很幼稚的问题,他就很有优越感。(笑声)他给你解释这个问题。那你要的答案也就来了。所以说调研本身没有那么多的讲究。还是毛主席那句话,你只要跟农民做朋友,他什么都愿意说。也不一定要喝酒,虽然个别场合要喝一点酒,但是你只要能表现真诚,别人一般也不会逼你的,又不是整人。我讲的表现真诚,就是说即使像我这样酒量不大的,场面上也很好地应对过去。当然,你要是一点也不喝,那也不行,确实不能像我的同学尤陈俊,他就经常一点也不喝。(笑声)

## 七

我们的研究是不分专题的。在研究当中有时会碰到这样的情况,就是说提问过程中觉得对 A 问题更有兴趣,所以就去问 A

问题，但等我要去研究 A 问题，还没研究出来时，我发现 B 问题更有趣，我又去追问 B 问题了。所以我总是在路上，我没有一个项目是按照原先的计划结项的。(笑声)我结项的时候，总是觉得自己是在敷衍了事，我还有好多问题没有写，没有去研究，真的是这种感觉。比如说我承担的那个研究土地的教育部项目，虽然我已经将成果上交并结项了，但是这里面有好几个问题我还没有展开论述。我觉得我还应该再去做深入的研究。其中有一个问题我同黄宗智先生提过，我对他说，我觉得土地制度在有个地方是通了三统的。黄宗智先生很感兴趣，但是我一直没有时间去做专门的研究。在我调研的那个地方，形成了一种非常奇怪的、但是广受认可的地方性制度。我讲这种制度背后是通了三统的，就是说三个时代的因素都在里面有影响。这非常有意思。

我个人的研究在面上铺得太广，有时候精力顾不过来，但是我觉得我们做研究的人要对社会有好奇心。我如果确实觉得这个东西很有意思，我就会去考虑是怎么回事。所以碰到有意思的问题时，我就舍不得放下。贺老师就经常说我的问题是心太大了，什么问题都想去研究。当然就精力来说，有时候确实是顾不过来。但是，从我们华中科技大学中国乡村治理研究中心出来的人，都不是只研究一个问题，而是很多问题交叉进行研究的。比如说信访问题，我关注了十多年。2004 年我发表了一篇文章，2006 年发表了另一篇文章，但之后一直到 2010 年，我都没有再写这方面的文章。虽然每次调研时都关注这方面的情况，但是并没有特别强烈的刺激点促使我做出更进一步的研究。直到后来我读了我的师弟申端锋的博士论文，很受启发。我觉得他给了我一个方向性的启发。虽然他并没有完全讲明白，但是我觉得如果沿着这个方向，会有更广阔的研究天地。当然，我看到的研究方向，不一定是他自己研究的那个方向，他现在也在继续研究这方面的问题。我觉得我们的方向其实不太一样。所以有时候误读一本书也是有意义的，虽然那本书讲的其实不是你理解的那个意思，但不代表你的理解就没有意义。我指导学生读书时，我给他们的要求是广泛涉猎、不求甚解。如果你事事都一定要求甚解，那其实是没有办法的。某一个词是什么意思，这可能有很多种说法，有几百个人讲过，有时很难求得准确的理解。我们研究经验问题需要很多理论工具，比如你用马克斯·韦伯的理论或吉登斯的理论作为工具，但如果这两个理论对你研究的问题毫无帮助，那怎么办？这时你就必须借助于其他的理论工具，一个理论没有用，就换另外一个，总有一个会有用。人的精力有限，很难事事都求甚解，很多时候只要大致把握它的意思就可以了。只有当你觉得这个理论大概有用的时候，你才会把关于这个理论的那本书重新找出来去细读。这是说不分专题。每个人都要有一个总体的感觉。当然，等你有了总体的感觉以后，基于人的精力是有限的，你需要找一个研究点来挖深井。研究一个问题，你要问问自己能不能做到以后别人再来研究这个问题的时候，碰到你的研究就绕不过去。当然，我们的理想总是很远大，所能做的却总是很有限。但是，如果你没有"取法其上"的目标的话，那么最终可能连"得乎其中"的成绩都做不出来。

## 八

从方法上讲，很多人说华中村治研究是朴素的经验主义，或者说我们是下乡找问题的。我个人觉得这些批评不是全无道理，有些地方是有一定道理的，但有不少误读。比如这些批评将我们的一些研究习作看做是代表性的东西，但实际上可能我们写的很多东西自己都没有太当成一回事。刊物的编辑让我们修改的时候，我们甚至都觉得有点麻烦，觉得靠我现在的能力，再怎么做技术性的修改完善，也改变不了实质意义上的学术高度，如果过几年以后,我在另一个高度再来看待这个问题时,我可以写出更高水平的文章。一般性的习作,就像那种讲一个政策问题的东西,它其实没有那么高的要求。不过如果是真正比较核心的问题,我觉得最终它是要指向一个制度或者是一个理论领域的。

中午我们一起议论时,很多老师,比如张芝梅老师,都说西方理论很多时候确实不适合我们国家的情况。我们做经验研究的都会有这种感觉,但是我们觉得自己创新理论很有困难,我们毕竟不可能一下子就提出一个跟吉登斯的理论相提并论的理论。我们如果能在某一个小的领域中提出一个独到的见解,这已经很不错了,但是我觉得这并不意味着就排除了我们在其他领域中的努力方向。我个人的理解是,大部分理论其实都是有经验背景的。你读理论的时候,可能觉得玄乎又玄,读不懂,但其实是因为你对它背后的经验不理解。如果你理解这些理论背后的经验的话,你就很容易理解它们了。而对于来自西方的理论,由于我们对西方整个社会的理解都只是皮毛,我们读起来当然就很困难。十年前我读《论语》时,体悟不多,但我现在读《论语》,体悟会深一些。我喜欢把《论语》放在床头,睡觉之前看两页,看了以后,自己会有很多体会,觉得很舒服、很愉快。这种感觉就是读书带来的愉悦感。它是需要有经验质感,需要有生活阅历。只有当这些逐渐积累了以后,才会慢慢有感觉的。其实每个人对所有的这些理论的感觉都是慢慢加深的。

我们创新理论,往往是在旧的理论无能为力的地方。我们做的可能是一些为他人作嫁衣裳的工作。真正的理论大家,肯定是对理论有感觉,但不会是像我们这样专门去做经验的。比如说汪晖,说他是当代中国最有思想的人或者最有理论创新力度的人,我觉得应该没有太大疑问,或者稍微修正一下,说他是几个人之一。汪晖对实践问题其实是很关注的。虽然他很少去做具体问题的研究,但是他的研究很有理论的深度,能给做经验研究的人以很多启发。我们这些做经验研究的人今天所做的,可能是给以后那些能够在理论上走得更远的人做一个铺垫工作。我们做得好的话,可以提出一些中层的理论,即便做得不好的,那也可以积累资料。再进一步说,做得好的话,是可以积累一些能够出现中层概念的内容,让以后出现的那些有影响力的理论能够从这些中层概念中有所提炼、有所助益。也许这就是中国理论诞生的地方。当然,这只是我个人的一个想法,也可能完全是错的。每个人都不要以为自己完全掌握了真理。所以我们在批评别人的时候,也不能觉得自己就掌握了真理。

我今天所讲的内容,是对华中村治研究群体做经验研究时所用的方法的一种个人体会。如果换贺老师来讲的话,可能又是另一种讲法。我比较喜欢听他讲这方面的东西,每次讲都有不同的体会。我的这些学术体会,请大家多批评。

## 互动环节

**学生提问:**我的印象是您做的区域比较研究主要是停留在时间的横截面上,不知道您自己怎么看?还有不知道当您面对一些变迁的问题时,比如说针对同一个问题他现在是这样回答的,过一段时间他又是另一个答案,您在研究中是怎么来处理的?

**答:**这个问题很有启发性。历史维度在我们的研究中确实比较缺乏。在我们的团队中,我自己还是有所警醒的。

关于你问的第一个问题,我首先想到了一点,那就是我们的很多研究可能看起来也关注变迁,比方说前三十年怎样,后三十年又怎样,但是很多时候这种看法都是有些刻板化的。我得承认我们的很多这种研究确实有些刻板化,而且我们的研究是比较缺乏历史维度的。我觉得朱晓阳老师对那个小村的系列研究做得非常好,尤其是第一本。他做得非常好的那一点,是我们做不了的。朱晓阳老师讲延伸个案，他有历史的维度，而且是非常丰富的，他在各个方向上都有扩展。而这种维度确实是我们非常缺乏的。我也时刻在警醒自己。

我自己读书，法学的书我不是特别爱读，我喜欢读的书很多是社会学方面的。除了社会学方面的书之外，我喜欢读的还有一类是历史学方面的书，尤其是做社会史研究的书，我觉得是非常有启发性的，因为他们处理的也是经验问题，他们会给我们各方面的启发，而且历史学科是比社会学更成熟的学科。

朱晓阳老师讲到过，费孝通先生晚年的忧虑之一，就是认为西方的实证主义方法论没有办法解决中国人的心性问题，所以我们要扩展我们的社会学方法。那么扩展后怎么样谈中国人的心性？我觉得一定得向历史中去寻求。我觉得苏力老师昨晚的讲座做得很好的一点，也是学界很缺的一点，就是他用我们现在的社会科学方法，去阐释古代的一些可能已经被大多数人遗忘、变得不可理解的东西。苏力老师给了它们以重新的阐释。他的这个贡献是巨大的。他让我们的很多东西都有了历史感，让我们社会科学的研究向历史延伸。这种延伸是非常重要的。

你问的第二个问题其实也是历史的问题，更具体地讲是关于个人的历史的问题。关于这个问题，坦白说，我在研究当中还没有多想，有时候会当做变迁问题来处理。上午王晓丹老师讲的时候也提到过，她说听访谈对象讲同一个文本的时候，在同一时间分三次讲都不一样，过了半年再讲肯定更不一样，甚至面目全非。我们自己的研究，我觉得还是那句话，需要不断地去反思。但是人的精力和能力总是有限的，不可能在一个具体的研究当中做到面面俱到。

## 延伸阅读文献

### • 著作

贺雪峰:《新乡土中国》(修订版),北京大学出版社 2013 年版。

董磊明:《宋村的调解:巨变时代的权威与秩序》,法律出版社 2010 年版。

陈柏峰:《乡村江湖:两湖平原“混混”研究(1980—2008)》,中国政法大学出版社 2011 年版。

杨华:《隐藏的世界:农村妇女的人生归属与生命意义》,中国政法大学出版社 2012 年版。

朱晓阳:《小村故事:罪过与惩罚(1931—1997)》,法律出版社 2011 年版。

### • 论文

陈柏峰:《缠讼、信访与新中国法律传统——法律转型时期的缠讼问题》,载《中外法学》2004 年第 2 期。

陈柏峰:《“气”与村庄生活的互动——皖北李圩村调查》,载《开放时代》2007 年第 6 期。

贺雪峰:《私人生活与乡村治理研究》,载《读书》2006 年第 11 期。

# 经验研究中的“历史感”

尤陈俊

尤陈俊，男，浙江永嘉人，中国人民大学法学院副教授，基础法学教研中心副主任，《法学家》副主编。中南财经政法大学法学学士、法学硕士，北京大学法学博士。曾担任《北大法律评论》主编。现任中国法律与历史国际学会（International Society for Chinese Law and History）执行委员兼文献委员会主席，中国法律史学会理事，中国社会学会法律社会学专业委员会理事，中国法学会比较法学研究会理事，系《中国乡村研究/*Rural China*》《法律和社会科学》、“二十世纪中华法学文丛”等学术刊物或丛书的执行编辑或编委。主要研究领域为法律社会学、中国法律史、法学学术史、法学研究方法论。在中国、美国、韩国的学术刊物上发表有中英文学术论文40余篇，并出版有《法律知识的文字传播：明清日用类书与社会日常生活》（专著）、《历史社会法学：中国的实践法史与法理》（合编）、《司法、政治与社会：中国大陆的经验研究》（合编）、《从诉讼档案出发：中国的法律、社会与文化》（合编）、《百年回眸：法律史研究在中国（当代台港卷）》（主编）、《为什么要重建中国法系：居正法政文选》（合编）、《中国文化与中国法系：陈顾远法律史论集》（编校）等多部论著。

非常高兴能有这样一个机会来跟大家分享我自己的一些研究心得。在进入正题之前,我有一个小小的建议,就是建议我们的组织者王启梁老师不妨考虑一下改进大家的讲课方式,比如可以用群口相声的方式来开这个系列讲座,一个人问"你今天要讲什么?",另一个回答"我今天要讲的是什么",第三个人则说"好",这样可能会更有吸引力。(笑声)

我今天要讲的内容,跟陈柏峰老师讲的一部分内容有关联。陈柏峰老师刚才在与同学们互动时,有位同学提问说,他做的区域比较研究似乎对历史维度关注得并不够细腻。而我现在要讲的,主要就是关于如何在经验研究中培养历史感。

## 一

我要讲的第一个问题是关于对经验研究和田野工作的一些基本理解。

今天的中国学术界中有很多人都在使用"实证研究""经验研究"之类的词语,但我觉得这些词语很多时候被用滥了,或者说不少人在使用这些词语的时候,可能对它们的含义并没有很清楚的理解。如果我们大致做一下区分,不妨将经验分成现实的经验和历史的经验。按照同样的道理,我们也可以把田野工作分成现实的田野工作和历史的田野工作。

现实的田野工作主要是由人类学家或社会学家去做的。大家可能注意到,今天中国法学界中有不少号称研究法律人类学的学者。但如果严格按照法律人类学的标准来衡量的话,坦率地说,我认为其中的很多人是不大够格的。人类学的一个最基本要求,就是你的田野工作至少要做一年。人类学把这种田野工作叫做民族志,我记得王铭铭教授在一本书中把这称作人类学研究者的"成丁礼"。[①]但今天出自法学院中的研究者之手、自称法律人类学研究的很多作品,其实是没有做到这个深度的,因为这个时间成本对于法学出身的研究者来说实在太高了。刚才好几位老师也都说了,他们只是做了一些"偏人类学方向"的研究。当然,他们都很谦虚。不过我觉得还是有一定的道理。包括陈柏峰老师做的研究,其实还不是严格意义上的人类学研究,而是偏社会学方面的研究。

我们很多人可能会对人类学家充满想象,觉得他们的职业特别有意思。比如大家第一眼看到朱晓阳老师时,很可能就会想到诗人或者艺术家,我听说朱老师曾被评为"中国最像诗人的人类学家"。(笑声)因此你会觉得田野工作肯定会让人特别兴奋,甚至很有诗意。但是如果你真的去了解人类学家的工作,就会发现其实并没有你原先想象的那么美好。如果大家有兴趣的话,我建议不妨读读一位人类学家写的一本小册子。这本书的名字很有趣,叫作《天真的人类学家》[②],"很傻很天真"的那个天真。(笑声)它讲的内容非常有意思,就是讲身为人类学家的作者是如何到非洲做田野工作的详细经过。在这本书里面,你会看到他要从英国去非洲做田野,签证怎么难办,感冒了买不到药而只好熬着,

---

① 王铭铭:《人类学是什么》,北京大学出版社 2003 年版。

② 〔英〕奈吉尔·巴利:《天真的人类学家》,何颖怡译,广西师范大学出版社 2011 年版。

牙齿掉了还没人给他补，跟当地人交流的时候，一些土著甚至还在盘算什么时候把他杀了吃掉。（笑声）他给我们讲述的人类学的田野调研过程，远比我们原来想象的要辛苦得多。读完这本书后，你会感到一种令人捧腹的心酸。

老实说，我自己做不了这样的人类学研究。陈柏峰老师刚才就拿我开涮，我是坐着听都中枪。不过昨天苏力老师说皇帝躺着都中枪，这么想想，我也就无所谓了。我跟陈柏峰老师是本科同学。他刚提到当年是我去拜访贺雪峰教授时喊上了他，然后我们和贺雪峰教授聊了整整一个下午。但是很多年之后，柏峰偷偷地告诉我说，那次我们回来后，差不多过了一个礼拜，贺雪峰教授给他打了一个电话，约他单独见面，还给他一些钱去做调研。（笑声）过了这么多年，我早就不嫉妒了，真的，（笑声）因为我觉得贺老师其实做了一个非常正确的选择。我后来想过，自己确实不适合在农村做长时间的田野调研工作。有一年我跟柏峰一起去山东青州做调研，我们住在一个村子里。我在那个村子里转时，很多村民马上就发现我是外来的，但是柏峰在村里转时，似乎大家都没怎么觉得他是个外人。大家知道柏峰的博士论文研究的是“混混”。[①]这样一个题目能够研究到这么高的水平，可能跟作者本身的某些特性是有一定关系的。（笑声）我估计当年贺老师可能就是一眼看出我不具备这种先天上的优势，觉得柏峰才是可造之材。（笑声）当然，这是玩笑话。真正的原因，很可能是柏峰发表在《中外法学》上的那篇研究缠讼和信访的文章[②]，之前就给贺老师留下了深刻的印象。我记得当时贺老师在和我们聊天中曾

---

① 陈柏峰：《乡村江湖：两湖平原“混混”研究》，中国政法大学出版社 2011 年版。

② 陈柏峰：《缠讼、信访与新中国法律传统——法律转型时期的缠讼问题》，载《中外法学》2004 年第 2 期。

主动提起这篇文章。

言归正传，我刚才讲到经验研究和田野研究中有一部分是必须要到现实的田野中去做的，就像柏峰这几年做的那样，不过也有一部分是能够在书斋里面完成的。历史学当中其实也会讲田野工作，比如说做历史人类学研究的学者。刚刚柏峰提到人类学家往往是“进村找庙”，其实后面还有一句话，叫做“进庙找碑”。历史人类学家进到一个庙里时，一定会看看有没有碑刻，碑文上写的是什么。这是他们最感兴趣的东西。除了这部分学者外，还有一些历史学家是在书斋里做历史文献的研究工作。这也属于历史学里面所讲的田野工作。

实际上，今天的“田野”范围已经变得越来越大，不再仅仅只是局限在现实的地理空间意义上的不同具体地点，而是还有一部分已经延伸到原来所没有涵盖的一些虚拟空间。比如今天有些人做的“网络民族志”。这些人做研究的方式，主要是每天上网去看看关于某个主题的讨论情况，比如网民们在百度贴吧中的发言。他们也是在做民族志，百度贴吧就是他们的“田野”。包括刘思达老师的那本研究中国律师业的专著①，据他自己说，就有不少内容是在网络上做这种民族志的。还有一些人做的民族志可能听起来比较逍遥。比如说我在北大念书时认识的一位同学，据说他写艺术人类学方面的博士论文时要做的田野，就包括经常去跟艺术家们吃饭聊天，聊艺术品。这是美差啊。(笑声)我还听过有人每天到公园里面假装散心，但其实是去偷听别人谈话，偷听了几年，然后回来写了博士论文。(笑声)这也是田野调查的一种方式。

当然，还有一种就是我刚才提到的做历史文献分析的田野工作。我觉得今天中国法学院中的法律社会学家或法人类学家对

---

① 刘思达：《割据的逻辑：中国法律服务市场的生态分析》，上海三联书店 2011 年版。

于这种工作其实并没有做好，或者说非常欠缺。我刚才也讲到，你如果要到一个地方去调研，那么你必须对这个地方事先有一个大致的了解。而要获得这么个大致的了解，通常你就得事先搜集一些相关的文献。这样的工作就是历史文献搜集的工作。今天的科技发展，其实为这种工作提供了很多新的技术手段。比方说你在到一个村庄去做调研之前，想事先了解这个村子的历史背景。一些人这时首先想到的，可能是找那个地方的地方志来看。但纸本的地方志有时不是那么容易找的，你可能要到图书馆或者档案馆里面去找。其实我们今天有各种各样的其他方法，能够帮助我们比较简便地获得对那个地区的大致了解，比如说你可以通过网络，或者利用一些古籍数据库。当然，要想获得充分的信息，是需要掌握一些专门的网络搜寻技术的。

在这里我特别要提醒大家一下，现在常说到各个地方去实地调研很重要，觉得行万里路很重要，但是在今天这样一个网络社会里面，怎样善于利用网络资源来获得丰富的文献，其实对于做学术研究来说也是非常重要的。我可以举个例子。我国台湾地区的"中央研究院"有位叫黄一农的院士。这个人非常有意思，他本科毕业于台湾地区的新竹清华大学物理系，后来去美国的哥伦比亚大学物理系拿了一个天文博士的学位，但他后来主要是因为历史学方面的深厚造诣才做了"中央研究院"的院士。他有一项非常独特的本领，叫做"e-考据"，就是善于利用各种网络资源检索到海量的信息，供做历史考据之用。比方他最近发表了一篇文章，我觉得特别适合大家去看一下，特别有意思。他的这篇文章专门去考证福康安到底是不是乾隆皇帝的私生子。[①]（笑声）大

① 黄一农：《史实与传说的分际：福康安与乾隆帝关系揭秘》，载台湾《汉学研究》第31卷第1期(2013)。

家如果喜欢看金庸小说的话，就会知道其中说福康安长得跟陈家洛有多像，说这是因为福康安跟乾隆皇帝有什么不可告人的关系，乾隆皇帝又和海宁陈家有什么关系。黄一农教授通过“e-考据”找到了海量的信息，包括各种各样的宗谱、族谱，最后令人信服地告诉我们说，福康安其实跟乾隆皇帝没有血缘关系。你们回去可以看一下这篇文章。

## 二

我要讲的第二个问题，是关于法学研究为什么要讲历史感。

我要讲的“历史感”这个词语，其实很难去界定。“历史感”这个概念，如果大家有所关注的话，会发现更多是在文学、哲学领域中讨论的。恩格斯认为，黑格尔的哲学为什么高明，就是因为黑格尔的哲学有一个“历史感”在里面。但恩格斯并没有告诉我们“历史感”到底是一种什么样的东西。我们今天去搜寻一下讨论到历史感的文章，能找到不少，但并没有一个大家都公认并接受的关于什么叫历史感的定义。当然有一点现在已经比较明确，就是历史感不等于历史观。就我个人的理解而言，法学研究里面应当注重的那个历史感是指，我们对一个事物的理解，需要从其所经历的历史状态去认识，要在一个历史的纵深里面去理解，而不是在现实与历史的二元对立框架里面去理解。

朱苏力教授有一篇很有意思的文章，我觉得非常值得推荐给在座的同学们去读。这也许是他目前所有的文章里面唯一一篇专门讨论方法论问题的，名字叫做《语境论》。可能很多同学都看过这篇文章。在这篇文章中，朱苏力教授讨论了怎么样使用语境论的分析方法去分析中国传统婚姻制度里面的“七出三不去”。[1]朱苏力教授的历史感其实是非常强的，包括他昨晚在云南大学的讲座。我们可以看到，他对于很多历史问题的理解，是追求一种理论化的把握，而不像很多法律史研究者那样只是停留在纯粹的史实梳理与还原上面。大家不妨回想一下，本科的时候上法律史这门课时，估计很多人都感觉很头疼，因为这门课大部分是记忆性的知识，至少目前大部分老师讲的还是这么些内容。当然，这是一个旧传统，需要去做一些改变。而像朱苏力老师所用的这样一种方法，我觉得就非常值得我们借鉴。我最近和黄宗智教授编了一本叫做《历史社会法学》的论文集，就是倡导用历史社会学的眼光去研究法学问题。[2] 在我看来，历史感就是强调运用历史的思维，把所要研究的问题放在历史脉络里面去理解，而不是放在横切面上做一个静止化的讨论。而这一点，恰恰是我们今天很多研究做得不够的地方。

## 三

接下来我想跟大家分享一下我个人在做具体研究中的一些体会。

大家手中拿的课程材料里面收录了我的两篇文章，其中有一篇是 2012 年发表在《中外法学》上的，题目叫做《“厌讼”幻象之下的“健讼”实相？重思明清中国的诉讼与社会》。当初我为什么要写这篇文章？其实我是想去挑战一个长期流行于中国法学界、非

---

① 苏力：《语境论——一种法律制度研究的进路和方法》，载《中外法学》2000 年第 1 期。

② 黄宗智、尤陈俊编：《历史社会法学：中国的实践法史与法理》，法律出版社 2014 年版。

常有影响力但我觉得也是非常误导人的笼统说法，那就是古代中国人普遍厌讼。很多老师都会讲孔子早就讲过“听讼，吾犹人也，必也使无讼乎！”，一些人也会讲《易经》里面就说“讼则终凶”，因此中国人的性格是天生厌讼的。还有一些做法律文化研究的学者会说，中国人和西方人在法律观念上最大的一个区别，就是中国人厌讼而西方人好讼。刚开始学习法学的时候，我也很相信这样一种判断，但到后来我自己深入去做这方面的研究时，越来越觉得这样一种所谓的法律文化解释或者中西法律文化比较研究其实是非常有问题的。非常不幸的是，这样一种论断今天仍然在深深地影响着我们今天的很多学者，包括法理学、法律史的学者，还有一些社会学家。坦率地说，课程材料中收录的赵旭东教授的一篇文章，我觉得就是受到无讼/厌讼论的影响。这可能与费孝通教授有一定的关系。

估计在座的很多人都看过费孝通教授的那本《乡土中国》。这本小册子里面有一章是专门讨论“无讼”的，那一章也是今天关于这个话题最经常被引用的资料之一。但是我要提醒大家注意的是，费孝通写《乡土中国》的时候，“乡土中国”的原型是什么？不知道大家有没有思考过这个问题？费孝通写《乡土中国》时并没有指明具体是中国的哪个村庄，但他其实基本上主要是以自己的家乡为原型写出来的。而费孝通的家乡是江苏太湖边上的吴江，他写的名著《江村经济》的“江村”就是吴江的开弦弓村。以整个中国来讲，这些地方有一定的代表性，但这种代表性其实是需要去做限定的。

从清代留下的资料来看，太湖领域的诉讼似乎不多。比方说我们看分藏在中国与日本的清代太湖厅档案，读当地衙门留下的这些档案，可以发现这个地方的民众到官府打官司的记录确实比较少。但是大家一定要注意，以清代来讲，同样是18世纪，中国很多地方的诉讼数量并没有我们今天想象的那么少，比如同时代四川的巴县衙门所收到的诉讼案件的数量就远远超出今天很多人的想象。日本学者夫马进教授专门就此做过非常细致的研究。[①]

在帝制中国时代，作为基层官员的州县官是集各种职能于一身的。用今天的眼光来看，他既是这个地方的最高行政长官，还是地方法院院长、检察长、公安局长、税务局长，有时候甚至还是验尸官。瞿同祖将这种状况叫做"一人政府"。[②]这与我们今天政府、法院、检察院在基层也是分立出来的现状是完全不同的。因此，当时的州县官需要去处理很多事情。而一个人的精力是有限的。大家可以想象一下，如果你是当年的一名县令，每个月要是能处理完十几、二十起的案件，那就非常了不起了。清代有位地方官叫汪辉祖，他在湖南宁远县做过知县。这个人非常勤奋，早上很早就起来审案，有时一直审到深夜，中午有时连饭也顾不上吃，因此常常累得上气不接下气，用他自己的话来说，就是询问双方当事人时已经"气往往不续"。就这样一位勤奋异常的官员，在他离任的时候，也没有处理完当地衙门所收的所有案件，仍然有一些积案。再以清代四川的巴县为例。根据夫马进教授的研究，从对现在遗留下来的档案所作的统计来看，在同治年间，巴县衙门每一年的新增案件就有一千多件。而按照清代法律的规定，这些案件在地方上只有州县官才有权去处理。你可以想象这是一个多么恐怖的工作量。事实上，从明朝万历后期直至整个清代，中国不少地方的诉讼数量并没有我们原先想象的那么少。有些

---

① 〔日〕夫马进：《中国诉讼社会史概论》，范愉译，载《中国古代法律文献研究》(第6辑)，社会科学文献出版社2012年版。

② 瞿同祖：《清代地方政府》，范忠信等译，法律出版社2011年版。

地方当时甚至是以诉讼数量多、民众好讼而闻名于官场的。当时谁调到这些地方任官，他的同僚就会对他投以同情的眼光，然后安慰他说好好干吧，那个地方或许也没那么可怕。（笑声）当时有几个省份在这方面是特别出名的。柏峰刚才说他虽然是湖北人但他更认同江西。非常不幸的是，这两个省份在当年都是比较臭名昭著的，（笑声）因为当年湖北、湖南、江西都是属于诉讼案件特别多的省份，当然还包括浙江、江苏、广东这几个省份。在明清时期，这几个省份总的诉讼数量是比较多的，今天有丰富的实证材料去证实这个结论。

我这里想提醒大家的是，我们不能笼统地去想象历史，而是要将你的认识定位到某一个具体的时空坐落中去。我觉得这也是历史感的一部分。刚刚柏峰强调要去做区域的比较。其实在做偏历史方面的经验研究时，区域的比较研究也是极其重要的。常常有同学问我说，老师你既然说中国传统社会并不像原来所讲的那么厌讼，那是不是就是好讼啊？我的看法其实是说，传统中国社会的诉讼状况，绝不是像原来的无讼/厌讼论所刻板描述的那样，而是在某些时期和某些地方，当地的诉讼数量可能是超出我们今天的想象的，而这些区域大致包括湖南、湖北、江西等地。但是大家一定要注意，即使是上面我提到的那些省份，也可能会存在内部的区域差异。比如说广东在清代也是被认为诉讼多发的省份，但实际上广东省内诉讼数量的区域差异也是很明显的，总的来讲，位于广东东部潮州的那一带诉讼比较多，而在西部和西北部，却与费孝通在《乡土中国》中所描写的状况有些相似。

所以大家一定要注意，当我们在做研究中需要下质性判断的时候，不要贸贸然地下缺乏时空感的笼统判断。而非常不幸的是，在今天的中国法学界中，尤其是法理学领域，经常存在这种状况，比方说中国法律如何，西方法律又如何，传统中国怎么样，现代中国又怎么样。我觉得这里面最值得我们反思的，是“西方”法律究竟何指这样一个问题。“中国”还能算一个有确切所指的概念，但“西方”实际上却是一个非常模糊的东西。“西方”有英国、美国、德国、法国等，而这些国家之间的内部差异，有时可能比中国跟它们之间的差异还要大。比如说德国和法国作为大陆法系国家的两个代表，如果你深入了解这两个国家的法律制度及其发展历史的话，你会发现德法两国在某些方面的差异甚至可能要大于它们和英国这样的普通法系国家之间的差异。比较法之中有一个核心的概念叫做“法系”，这个概念常常也会误导人。我们常说英美法系和大陆法系，教科书里面通常也会概括出这两个法系的一些不同特征。但如果你们有机会去英国、法国学习交流的话，你拿这些学到的知识去描述该国法律的特征，当地人也许就会说 NO、NO、NO！我们今天中国法理教材中概括出来的很多所谓不同法系的特征，很可能不符合实际的真实状况。从某种意义来说，这些特征有点近似于马克斯·韦伯所讲的那种理想类型的概括。

我觉得，这样一种理想类型的概括方式，如果被泛泛地使用，将会带来很多问题。其实我们只要思考一个日常的例子就能够感受到。比如说有时候人们会讨论中国人的一些所谓特性，会讲北方人如何，南方人如何，有的时候还会讲河南人如何，湖北人如何，荆门人如何。这种概括其实都是某种意义上理想类型的概括，都存在以偏概全的危险。比方说我是浙江温州人，常常有人知道后就说，温州人，有钱啊。但是我必须非常抱歉地告诉你们我是例外。（笑声）所以说，诸如此类的概括，固然有时候能够方便人们掌握某些特征去获得一个入门性的大致认识，但常常经不起深入推敲，尤其是当你在做法学研究时，如果将这种概括作为你最后的结论，那就很可能会出问题。

课程材料中还收录了我的另一篇文章。这是一份比较重口味的研究,(笑声)它主要研究的是中国当代社会里面一种利用尸体作为抗争工具的抗争方式。我在文章里面介绍了1989年发生在河南的一个案子,一具装有尸体的棺材被在乡政府的门口放了将近300天,把乡政府大院的门都给堵死了。乡政府的人员为了上班,不得不在旁边墙上凿出一个洞,钻洞进出。这是什么样的日子啊。(笑声)这样极端的例子在今天已经不大可能见到,但如果大家关注一些时事报道的话,可能会发现今天也有不少涉及对尸体的利用和争夺的事件。在很多冲突场合中,如果有一方死了人,一般而言很容易演变为一起群体性社会事件,而这里面最常被关注的就是那个尸体。比方说政府在强制拆迁时,如果一位拆迁户这时死了,那么这位拆迁户的亲属就可能会把死者的尸体抬到政府的门口去,即使还没有这么做,也会威胁说马上要抬。

我在搜集100多个这样的案例后发现,从20世纪80年代以来,这种藉尸抗争的做法很多时候是“有效”的。即使从法律上来讲那个死者的家属完全没有道理,但他一旦利用尸体或者宣称要抬尸体的话,政府往往最后会做出一些法律之外的处理,死者的亲属也常常能获得一些从法律上来讲他们原本不该有的好处。这个时候我们就要去思考说为什么会出现这样一种结果。之前的一些研究者往往认为这是由于“人命关天”所致,认为这是一种所谓的习惯法。但是我想告诉大家的是,“习惯法”其实是一个非常模糊的概念,很多东西都说不清楚。使用此类概念的时候需要特别谨慎。

我试图抛弃习惯法的模糊概念,从其他的角度解释为什么尸体在抗争事件中往往会成为“有效”的工具和手段。我首先从法律史的视角追问诸如此类的做法在帝制中国时期是不是也有发生?是不是也呈现出类似的结局?结果我发现这种现象其实已经沉淀成一种社会记忆,一代一代地在故事、传说里面流传下来。这对我们今天的很多人其实是有潜移默化的影响的。我们也可以从人类学的角度去加以认识,比方说为什么很多人把尸体抬出来的时候,往往不是简单地将尸体放在那里,而是还要做其他的一些事情,比方说设简易的灵堂烧香、穿麻衣哭拜等。他们为什么还要做这样一些丧葬礼仪?这就涉及我们中国人对丧葬礼仪的理解。中国人非常讲究丧葬礼仪,尤其是宋代以来通过朱熹等人的宣扬,慢慢形成一套标准化的、渗透在民间的仪式。把尸体放到医院或政府的门口,显然不是放在一个恰当的地方。这会使得丧葬礼仪的举行呈现出一种时空错置的状况,而这种状况被认为是无法把生物性死亡和平地转化为社会性死亡。对于被作为抗争对象的那一方来说,就会承受着被认为阻碍死者入土为安的沉重压力。这种伦理上的压力是非常大的,它跟中国人对丧葬礼仪的理解有密切的关系。除此之外,还可以从社会学的角度来思考尸体这种形态为什么在抗争事件中会那么重要。我不知道大家注意到没有,和抬着尸体去抗争这种方式相比,如果一个人抱着死者的骨灰盒去政府门口,所引起的轰动效应可能就没那么大了。这里面涉及尸体其实是一种社会学意义上非常引人注目的具有持续动员能力的象征符号。尸体和骨灰盒的动员能力、象征的意义还是很不一样的。

对于这种现象,我们还需要有一个更深入的认识。在今天的法治框架之下,如果一再允许这样的法外处理状况出现的话,那么其实对整个国家的法治权威是一种非常严重的损害。因为这样一来,很多人都学着将小事闹大,将大事闹得更大,而那就会产生很多问题。在我看来,只有当我们从历史的角度深入理解这类事件背后的那些观念和机制,才有可能找到怎么在现代的法治框架之下减少或者防止这种尸体危险产生的办法。这更多的是考验一个国家对基层的渗透能力。如果仅仅只是关注当代的东西，如果没有一种历史视野中的通贯理解，是没有办法对这个问题有深入理解和把握的。

## 四

最后我想和大家分享几点初步的想法。

第一点是关于如何看待经验与理论的关系问题。上午朱苏力教授和下午几位老师的演讲，都谈到理论的问题。无论是做法律社会学研究，还是做指涉面更广的跨界研究，往往都需要一些理论作为支撑。不然的话，最后出来的东西可能就是一些对经验的简单描述。这些简单的描述可能会为其他学者提供了一些原始材料，但在学术市场上不大可能有一个好价钱，因为是毛坯。我的意思是说，在做完扎实的经验材料搜集之后，还要再做理论提升。附带说一下，我个人不大赞成大一、大二的同学去做调研，因为这个阶段的同学由于尚未受过较为系统的基本训练，没有掌握一定的学术理论，以至于在调研过程中常常会将很多实际上很有意思的问题错过。我觉得本科阶段还是应该先好好去读一些理论性作品，把学术眼光锻炼得更敏锐一点，然后等到高年级或硕士阶段时再去做一些调研，那样就可以调动自己之前所学的那些理论，去重新观察所接触到的各种社会现象，即便回到自己的家乡去做调研，也能够把原本熟悉的问题陌生化。

至于对待理论的态度，我觉得黄宗智教授有一段话说得很有启发性，跟大家分享一下。黄宗智教授说：“我自己的经验是理论读起来和用起来可以使人兴奋，但它也能使人堕落。它既可以使我们创造性地思考，也可以使我们机械地运用。它既可以为我们打开广阔的视野并提出重要的问题，也可以为我们提供唾手可得的现成答案并使人们将问题极其简单化。它既可以帮助我们连接信息和概念，也可以给我们加上一些站不住脚的命题。它既可以使我们与中国研究圈子之外的同行进行对话，也可以使我们接受一些不易察觉但力量巨大的意识形态的影响。它既可以使我们进行广泛的比较，也可以使我们的眼见局限于狭隘的西方中心的或中国中心的观点。对理论的运用将像一次艰难的旅行，其中既充满了令人兴奋的可能性和报偿，也同样布满了陷阱和危险。"[①]刚开始接触各种各样的理论时，很多人都免不了会兴奋，但如果过于沉浸在某一个理论之中的话，则可能会掉进那里面钻不出来。我们每个人都需要找到一个适合于自己的方法去理解、运用那些理论。这是我的第一点想法。

第二点我想跟大家分享的是对所谓的学科归属的理解。我自己其实是一个不怎么安分的人，很难界定我做的研究是专属于法学的哪个学科。坦率地说，我是比较讨厌被问"你是哪个学科的"。我认为，做学术研究应该要以问题为中心，而不是以学科为中心，因为现实生活中很多的社会现象不会按照人为设定的那些学科划分为你呈现出来。它不会说，看！现在出来的这个是民法现象，刑法现象要过五分钟才出来，再等五分钟就是国际私法现象了。（笑声）对问题的研究需要有一种通贯的学术意识。因此，对于法科的同学们来说，很多其他相关学科的基本知识和研究，也应该要去多多了解。我觉得这样一种跨越学科的意识是引发我们今后法学学术的创新与突破的一个非常重要的推动力。坦率地说，不少前辈学者的学科藩篱意识有些太过于强烈了。

---

① 〔美〕黄宗智：《学术理论与中国近现代史研究：四个陷阱和一个问题》，载〔美〕黄宗智主编：《中国研究的范式问题讨论》，社会科学文献出版社 2013 年版。

# 互动环节

**学生提问：**老师您好，您在演讲中提到藉尸抗争之所以往往得到法外处理，很大程度上是由于国家的基层渗透能力弱引起的。但是在公众的视野中往往有这么一个观点，就是闹得越凶则得到的补偿会越多。面对这种现象，您的理解是国家的基层渗透能力弱。但问题是，在实践当中存在这种现象时到底应该怎样去解决？采用何种手段才能够真正地去处理这些矛盾，而不是仅仅暂时平息以后又反复发作？比如说现在上访了以后，政府通常就会对上访者进行适当的补贴，但安抚了一段时间以后，当事人觉得还是存在问题，然后反复上访。这其实只是进行问题弱化而没有真正予以解决。我想听听老师的见解。

**答：**在法治框架下对藉尸抗争事件的处理，是很具综合性的事情，需要各个方面的配合。其中至少有一些关键性的问题是要去反思的，那就是不能够总是允许当事人把小事闹大就可以获得法律之外的利益。而这需要切实采取一些措施。比如说当出现此类事件的时候，等到死者家属的情绪稍微平稳一点时，公权力就应该要往法律处理的方向去引导。在这里我特别要强调一点，媒体的影响力特别需要关注，因为今天我们了解到的一些抢尸案，通常都是从媒体报道上看到的。现在很多媒体为了抓住读者的眼球，只顾烘托此类事件的前面部分，只是专注于描述一个公民对抗国家公权力时（如拆迁）死亡，结果引发群体性事件。但大家注意到没有，很少有媒体会去追踪报道这些事件最后究竟是怎么处理的，即便一些无理闹事的人们受到了法律处理。此类事件的具体成因各有不同，因此我们应对的方式也需要有具体的针对性。我现在没法给出一个一劳永逸的解决办法，但至少认为媒体对此类事件的报道方式是需要慢慢去改进的,媒体应当通过全面的报道来向社会宣扬规则意识,而不是只顾着展示那套小事闹大就可以获利的刺激读者眼球的行为。如果媒体老是猎奇式地报道那些法律之外的行为,很可能会影响到整个社会的法治意识塑造。

**学生提问:**黄宗智老师也提倡说打通法理和法史,理论本身是很诱惑我们这些后辈学生的。但是比如说从读诉讼档案开始时,我作为一个初学者很容易迷失在浩如烟海的档案之中。这个时候,真的能够像黄老师说的那样从经验到理论中自然而然地获得这种问题意识吗?而且,刚开始的时候,我们是无法提出一个理论范式的,因此必然会转而关注微观领域。而法史本身是相对冷门的学科,那么微观领域和现实之间的意义勾连是怎么打通的呢?黄老师也常说我们研究法史学的人不能总是待在书斋里,我们也要参与到现实政治状况的建构当中。但这样的目标是怎么样实现的?因为黄老师不在,我想听听尤老师您对这个问题的看法,谢谢。

**答:**非常好的问题。我刚刚讲到过学科之间的界限其实并不是那么重要。法史和法理就是人为的界分。当我们以具有历史感的视角去研究很多现象和问题的时候,其实就不存在那种法理或法史泾渭分明的划分了。

我可以举一个例子来说明。调解被认为是中国现代司法里面很有特色的制度,也被认为是在中国很早之前就有的东西。如果你要去深入了解这个制度的演变的话,你就需要去综合调动法理学和法律史学的知识,去了解在帝制中国时期的不同朝代中它是怎么样发展的,到了国民党的六法全书体系里面它又是怎么样存在的。在这里我要讲一下,很多人都知道中国现在有一部《中华人民共和国人民调解法》,但是很少有人知道在 20 世纪 30 年初国民党政府曾颁布施行过一部《民事调解法》。这部法律当时实施了五六年的时间，后来被废止。这是近代以来中国第一部专门关于调解的法律。《民事调解法》中的很多规定，其实对于我们今天中国的民事调解制度的很多设计不乏启示性，只不过今天的研究者不怎么去关注而已。当然，今天的调解制度，如果从渊源上讲的话，最直接的影响是来自革命根据地时期的做法。我想借助调解这个例子来说明的是，对很多现实问题的认识和理解，其实都可以放在历史视野中往前推，力求看清其发展链条中的每一个环节。

我之所以强调法史和法理的人为区分需要去打破，主要是有感于学界的一些现状。说老实话，我觉得不少法史研究者的知识面有些太过狭隘，太过于固守于一亩三分地，比如说研究宋代法律史的学者不关心明代法律史的研究成果，做清代法律史的不看秦汉法律史的研究成果，结果导致连研究不同朝代的很多法律史研究者之间基本上都没法对话，更加不用说跟现实去对话。我觉得这跟传统的学术训练的局限是有很大的关系。要打破这种僵局，就需要在做学术研究时以问题为导向，而不是以学科划分为导向，要注重培养在历史感的指引下将经验和理论相结合的学术意识。

## 延伸阅读文献

### • 著作

〔英〕奈吉尔·巴利:《天真的人类学家》,何颖怡译,广西师范大学出版社 2011 年版。

〔美〕黄宗智:《经验与理论:中国社会、经济与法律的实践历史研究》,中国人民大学出版社 2007 年版。

〔美〕黄宗智、尤陈俊主编:《从诉讼档案出发:中国的法律、社会与文化》,法律出版社 2009 年版。

林端、侯猛、尤陈俊编:《司法、政治与社会:中国大陆的经验研究》,台湾翰芦图书出版有限公司 2012 年版。

〔美〕黄宗智、尤陈俊主编:《历史社会法学:中国的实践法史与法理》,法律出版社 2014 年版。

### • 论文

苏力:《语境论——一种法律制度研究的进路和方法》,载《中外法学》2000 年第 1 期。

尤陈俊:《“厌讼”幻象之下的“健讼”实相?重思明清中国的诉讼与社会》,载《中外法学》2012 年第 4 期。

尤陈俊:《尸体危险的法外生成——以当代中国的藉尸抗争事例为中心的分析》,载《华东政法大学学报》2013 年第 1 期。

尤陈俊:《中国法治事业中的空间因素与性别因素——从〈秋菊打官司〉的角色隐喻切入》,载《学习与探索》2013 年第 3 期。

# 法律的日常建构：一个方法论的提出

王晓丹

王晓丹，女，台湾政治大学法学院教授。台湾大学社会学与法律学双学士，台湾地区及英国法学双硕士，台湾地区“中央研究院”社会学研究所博士培育，英国华威克大学法学博士。致力于学术理论与社会实践的结合，曾任台湾地区地方法院家事庭调解委员、台湾地区“教育部”性别平等教育委员会委员、女学会理事，现兼任台湾地区妇女救援基金会董事，并获得2013年台湾政治大学学术研究优良奖。过去十年来的研究具体议题包括民事离婚、民事调解、家暴保护令、性侵害、刑事审判、人口贩运等。主张研究者必须不断进行法律现场与日常生活的反思，并同时大量阅读中国传统以及西方理论性的著作，方能整合法释义、法理、法实证、法史以及法社会等不同层次的议题，掌握法学理论与实践之整体。公开发表学术论文20余篇，参著有《论文化研究：继受与后继受时代的基础法学》等数部著作。

## 一、行动中的法律文本

法社会学研究法律，而其研究的对象——法律，不只是法典中的白纸黑字，或者法律机构/泛法律机构（例如调解、上访、机构申诉等）的适用过程与结果，也包括日常生活中人们谈论、表达、解释与运用法律的行动。换句话说，法律并非是客观存在于“那边”的固定文本，而是一个在“身边”，人们不断阅读、审查、挪用、歪曲、改写的“行动中的文本”。我们只是研究静止不变的法律文本是不够的，若要理解真实的法律世界，就要研究“行动中的法律文本”——也就是日常人际互动、组织运作、结构行动中的法律。

那么，在研究“行动中的法律文本”时，究竟要观察什么层面，分析什么议题呢？简单说，可以包括以下几个层次：第一，可以在人们的行动中，观察人们如何定位合法/非法、对/错、好/坏、公正/不公正的价值面向，这包括人们定位的方式、过程以及结果。例如，人们比较在意的是客观的规则定理？或是彼此的感受情绪？或是个别的利益收获？还是个人与整体的形象？第二，由于法律同时也是人们的行为指引，我们可以观察，在行动中，人们对于什么可以做/不可以做、可能/不可能的行为指引面向。例如，有些人可能觉得，尽量不要跟别人起冲突，但另外一些人可能反而认为冲突是一种沟通的方式；有些人习惯于在交换当中进行交往，想象这是使得事务进展的方式，但另外一些人却不以为然。第三，我们也可以观察，在什么时间以及什么空间，人们会认为法律重要或不重要？何时会回避法律？人们互动所建构的法律，究竟是一致或不一致?永恒或暂时?固定的或变动的?第四,我们也可以进一步分析,人们在行动中,如何产生法律建构的意义?法律对人们来说,是否只是非我族类的语言?或者是人们必须绕着的弯,以便顺畅沟通?还是据理力争并赋予力量的源头?

"行动中的法律文本"立基于特定的存在论与认识论,我将之称为"法律的日常建构"。简单说,法律存在于日常生活当中,存在于人与人之间的频繁互动中。在人与人之间,比如我们会跟对方谈自己发生的事情,我们谈的时候成就了某种三角关系,在这个三角关系中我们不断在创造(making)这一事件,也不断在建构法律。因此,法律是在我们日常生活中人与人之间互相不断建构的,也因此它没有一个不变的客观性在那里;反过来说,我们透过我们个人的主动不断地建构法律,法律因此产生变迁与发展。这一过程必须透过法社会学、法人类学的一些实证性、田野调查的经验性研究,才得以从扎根理论当中逐渐归纳出来,拼凑当代法社会的全貌。以下我将分点介绍"法律的日常建构"此一方法论的议题以及论点。

## 二、法律移植

我从事法社会学、法人类学的研究,第一个是把它放在法律移植(legal transplantation)的框架下,观察移植法所蕴含的法律价值、法律思想与法意识,尤其是在"行动中的法律文本"上的意义。在台湾地区或者说在我们华人文化圈里面的很多地方,我们的法律都是从另一个国家移植过来的。因此我们研究法社会学时,必须将法律移植的因素考虑进去。从清末开始我们就不断地将西方近代法移植到我们的社会,而且是通过快速暴力的方式,直接就变成具有国家强制力的法律,成为我们现代生活的一部分。在这样的框架下我们面临着一个很大的问题,那就是,法律有很多层次，除了条文体系，还有很多制度，除了法律制度，更重要的是法律思想和意识，所以当我们把外来的法律整套移植过来后，就会面临人们在理解运作这套法律时有一个既有的文化传统在里面的问题，因此，我们也通过我们的活动在不断创造（making）法律。

如何研究法律移植呢？有没有一些概念可以帮助我们进一步整理与分析田野数据呢？我通常会使用法律转译（legal translation）、法律适应（legal adaptation）以及法律发展（或文化变迁）这三个概念。

法律转译意味着，法律被移植到一个地方之后，人们行动所产生的法律文本，必然有一个法律意义上的转换过程。法律移植这一社会过程，乃是透过法律专家与常民在其社会位置与社会生活中，不断翻译、诠释、解释、理解以及创造规范的过程。这一过程可以统称为"法律转译"。这包括法律专家对外来法的翻译、法律专家选择全盘移植或部分移植、法律专家对于移植规范的解释适用，还有常民对于外来法的理解、常民对于法律体制的态度与行动、常民对于自由平等理念的诠释与实践等。同时，法律专家与常民也不是截然二分的，许多常民通过事件的参与或法律技术的累积，也可以提供专业的法律意见；而大部分法律专家在制定、解释与适用法律时，也与常民相同，有意无意地被既有文化的惯习与意识所影响。

这其中重要的是，论述者往往会提到法律移位的现象。关于法律移位的论述，通常伴随着法律与社会的落差、法律理想与现实的差距、法律实效性不够、法律知识不足甚至法律意识欠缺等说法。这些落差、差距、不够、不足、欠缺等关于法律移位的论述，往往预设着一个共通的标准，就是说这个标准已经被移位，也就是指涉被移植国比移植国更优越的地位。因此，引述被移植国的法律或其实践，有时带有嘲讽或批评移植国法律实践的意思。我对于这种法律移位的论述，在《法律继受与法律多重制图》这篇文章中，有相关的讨论。

法律适应意味着，法律移植之后的法律转译，必须经历一个长期的适应过程，而我们就是要研究此一适应过程产生的法社会现象。这可能包括适用法律时过于机械式而产生法律工具主义的疑虑、理解法律时只着重在条文解释而持有法条主义的法律观、运用法律时疏于结合地方性知识而未能产生有意义的规范性内在关联、制定法律时未能促成多元价值与不同立场的对话与辩论、讨论法律以及面对社会问题时让法律专业者主宰于唯一的解释方式。我在《法律移植与法律适应》以及《如何解码台湾法律、社会与文化的纠结》这两篇文章中，有相关的讨论。

我们研究法律适应过程的法社会时，除了分析偏离法律理想的各种现象之外，也可以从行动者的角度，描绘其改变规范结构的努力。例如，我在《规则细致化的法律行动》这篇文章中，试图呼吁，法学研究应该要搜集人们在法律之前处境的资料，分析时避免过度负面评价主张权利者的动机与性格，并在整理相关规范不一致的混乱之后，提出法律的文化解释之理解，从而看见人们在法律之前的困境与试图突破困境的努力。

法律发展（或文化变迁）意味着，法律适应此一社会过程所促成的法律变迁，从长时间看来，正是法律发展的过程，而这最后终将导向于一个文化变迁。换句话说，对于法律移植的社会来说，移植是一个不断进行的过程，不论是清末民初全面性地移植西方近代法，还是法律发展过程以比较法的形式部分移植（参酌）他国法律，抑或全球化之下主动或被动移植国际法规范，都是持续不断的法律移植。这些移植过程从法规范的角度来说，就是不断修法，不断改变法律解释与法律实践的过程；如果我们从行动中的法律文本的角度，或可厘清外来法文化与在地法文化如何融合，既产生文化变迁，也发展新型态的法治模型。

## 三、规范交错下的个人困境

法律移植社会的重要特征之一，便是多重（多元、复数）规范彼此之间的交错。详细而言，在具体的社会情境中，人们互相对待的方式可能有两种不同的规范在指引人们的行为，某一规范行为指引与另一规范行为指引可能分别导向不同的价值、思想以及意识，当这两种规范的行为指引方向不一致时，规范交错就会产生人际沟通的困境以及个人自我认同的困境。

举台湾地区的一个案例来说，我在《法意识与法文化研究方法论》这篇文章中[①]，说明了规范交错所产生的难题。2002 年有一个为台湾地区人们普遍所知的“六个女儿”案。这个案例牵涉台湾地区的“继承法”。台湾地区的继承法律从 1949 年开始就规定父母财产包括不动产，对它的继承是男女平等，但是在社会实践中绝大多数时候女性可能会被迫抛弃继承，或者是她的父母生前会移转财产给儿子，或者是她会被迫在分割协议时只分到比较少的财产，也就是说法律是平等的但实际的财产分配却大多数是不平等的。当然，随着社会的发展，这种不平等会越来越少，情况也在逐渐改变。但是在实际的社会生活中也会发生一些问题，很多女儿的父母会逼她，比如说爸爸过世，妈妈就会对女儿说你赶快去抛弃继承，我们家的财产要留给儿子，留给同姓的人，你已经或是将来要嫁出去。如此逼迫女儿抛弃继承，女儿如果不愿意就会变成很大的冲突。

“六个女儿”案就是妈妈一直逼女儿放弃继承，六个女儿不愿

---

① 王晓丹：《法意识与法文化研究方法论：以女儿平等继承为例》，载《月旦法学杂志》总第 189 期（2011 年）。

意,妈妈就私底下去法院递交了一个继承系统表宣称只有儿子没有女儿,于是就把她丈夫生前的不动产移转登记到两个儿子名下,六个女儿发现后就去法院提起民事的涂销登记之诉。在本案中,按照台湾地区的法律,是当爸爸过世之后,他的财产所有权在法律上就已经移转给六个女儿、两个儿子和妈妈九个人共有,女儿上法院本就是主张恢复自己的权利,因为自己的财产被登记在别人名下,所以去主张涂销登记。这个主张到了民事法院以后,法院认为这中间有一个伪造公文书的问题,因为有一个伪造的继承系统表,所以就把它移转发到了刑事庭,变成了一个刑事案件。媒体报道时就变成了六个女儿要家产,要告妈妈告到坐牢,然后就全民哗然,他们的乡邻还摆摊支持老妈妈,说六个女儿多么不孝,逼得六个女儿在法庭上跪下来求妈妈原谅,妈妈不愿意原谅她们。因此产生了一个这样的冲突。这就是说很多的女儿们在继承财产时,面临法治上面的困境,她只是在主张权利,主张权利是多么正当的一个事情,可是另外一边就会被说成是不孝,被大家唾弃,说是忘恩负义的,这就造成权利是争取还是不争取的困境。

“六个女儿案”有两种叙事,一种是恢复权利的叙事,另一种是不孝女儿的叙事,在这些叙事、日常法律建构中,我们有没有可能去抵抗,又如何去建构一种我们想要的法律状态?我认为我们的法文化其实是要寻找一种新的法治模式,因为西方的法治模式不一定是最好的,我们要通过不断的人际互动去思考我们要的是一种什么样的法治。西方的很个人主义式的法治自己也面临很多困境。我们一直在效仿西方,觉得我们自己有很多的不足,要去借鉴西方。这就很像许多人讲的文化自我殖民。我们要避免这种文化的自我殖民,要从日常生活中去看要怎么突破。如果我是作为“六个女儿”案例里的一个女儿,那么我就要思考到底是主张权利还是孝顺,这是两难的困境。另外我们需要重新去思考继承这件事情，对于社会、个人来说，它的意义不只是钱财，而对于六个女儿来说，她们的困境可能是不断地被排除。台湾地区很多女儿会因此跟自己的父母吵架，但是吵架是很伤感情的一件事，我们都是很重视感情的，那么这样一来就真的变成了好像嫁出去的女儿就是泼出去的水了。我们要去想清楚这种集体的结构的困境，可是我们却是通过我们的行动去促成这个结构。怎样通过行动去突破？实际上这里面有很多的智慧。

问题的关键在于我们日常建构的法律背后有一个价值，法律本身包含某种社会安排，某种资源干预和分配，人跟人之间该有怎样的一种互相对待的关系。这中间，西方法治和我们传统的、当时的文化实践有很大的冲突，从而造成强烈的人际冲突与个人自我认同的难题。我们要怎样通过研究去处理这些问题，去帮助实际上陷入困境的这些人，让她们可以有力量去突破这样的结构上的压迫，这是一个部分。但后来我发现一个很重要的转向是我们必须要去关注整体的法律建构在现代生活里面到底是一个什么样的样态。过去我们常说传统、现代，好像它们是互相冲突的，但关键在于，我们面临着到底要怎样走出一个自我突破传统还是现代的二元难题。

## 四、法意识之文化基模

除了个人认同的困境之外，还有文化基模（cultural schema，文化基模是一个理论用语）的难题，有时因为文化基模，会使得法律移植之后的融合过程产生停滞现象，而若要促进法律融合，或发展新型态的法治，就必须要理解这些文化基模，并发展具体的行动挑战与改变文化基模。所谓的文化基模，是指一个文化中人们人际互动时特定的认知结构，也就是人们在进行人际互动时，会依照其之前的社会经验，遵循既有的知识或技能，而此种知识或技能通常会在一个文化当中被不断型塑以及实践。

举例而言，我最近在从事刑事司法人权与无罪推定原则的法社会学研究时发现，虽然法官受过专业的法律训练，但是法官和我们一样具有相同的法意识，享有同一个法律事实和法律推理的想象。也就是说，真正审判的核心不是条文的解释，是事实的认定跟法律推理的过程，而法官的事实认定和法律推理同我们一样，会有同样的文化基模。另外我也会去看媒体报道的案件，看事实如何被讨论，你会发现大家对事实怎样是不太在意的，相对地，大家对一些事情的描述，其实是为了凸显某些人是坏人，或者呈现自己是好人，甚至会对事实做某种程度上的一些编造。换句话说，事实是怎样，本来应该要有一个客观性在那里，甚至基于人性尊严以及审判公正性，应该要有无罪推定原则的适用，但有时还是因为一些道德评价的因素、行动者自我形象的桎梏或者媒体塑造的整体氛围，使得真实有被操弄的可能，甚至行动者会以为自己在主持公平正义，实际上却可能已经在侵害别人的人权。

再举一个例子。有一次我去一个面店吃饭，面店在医院附近，我看到一个老人家穿着医院的病人衣服坐在那里，后来进来两个年轻人发现没有两个连着的位子，就没有坐下来，老板娘看到后，就叫老人家坐别的位置以便空出两个连着的位子，于是老人家就站起来，花了十分钟的时间缓缓地坐到另外的位子上。我们在旁边看到后就问老板娘，老人家已经坐定了你干吗要让他换位子？这个老板娘就说，你不知道这个老人家每天都来我们家吃面，每天他都一坐就坐三四个小时，会影响我们的生意。老板娘走了之后，我就问那两个同学，老人家已经坐定了你干吗让他站起来？那两个同学就说我们有三个人，还在等另外一个人，所以就要坐在三个连着的位子上。但是事实是什么？我后来就故意吃面吃到很晚，看到根本就没有第三人，两个年轻人吃完面就匆匆走了，而那个老人家也是一吃完就走了。所以我的感受就是日常生活中,你问很多人很多事情时他就会随便跟你讲讲,因为他觉得不重要,人们会说一个对自己有利的事实让别人觉得她/他是个好人,同时会隐瞒一些事情。他也不一定是要骗你,他可能就只是为了省麻烦,避免你去跟他争吵,于是就把事实随便讲讲。这本来无伤大雅,但当它变成一个全民的说话习惯时就对法律很重要了。

法律永远是基于事实的,我们对一件事情,比如说两个人发生纠纷,只有存在一个基本的认识,我们才会去说用什么样的法律规则和原则。所以如果连事实都很随便,比方我们为了某种更重要的价值例如和谐,或者是为了想要让别人觉得我是好人以避免吵架,那我就把事实随便说说,那么这种随便说说就会使得我们每天的法律建构变得非常的不精准。这也是法治社会的一个困境,虽然在台湾地区我们觉得法条研究得很体系化、概念化、做得很完整了,可是为什么我们的法治社会还是存有很多问题,我认为内在的、文化的原因就出在这里。

## 五、法律性与建制民族志

我们在现代社会里面怎样去改变既有的文化基模?我觉得可以从微观互动分析当中找到资源,在研究方法上必须不断观察、不断辩证。比较理论性的说法,在社会学里面叫作象征互动论(symbolic interactionism,或称符号互动论)。象征互动论认为人与人的互动是透过种种象征来表达的,如语言、手势、表情等,有了这些,人们才能互动。所以对象征互动论而言,最重要的,乃是赋予行动者诠释社会世界的能力,因此关注行动者与这个世界的互动,并预设了行动者与这个世界互为动态的过程,而非静态结构。运用到法社会学上,这方面的研究就要偏重微观的人与人的互动,透过研究象征(语言、手势、表情等)进而分析在互动中如何建构法律性(legality)。

至于法律性的意义，可以在 Patrica Ewick 和 Susan Silbey 的著作 *The Common Place of Law* 这本书中找到理论资源。[①] 这本书的封面是美国一个社区的雪地，雪地里有一户人家，要想停车就要把雪先铲掉，铲掉后就放了一张椅子。作者解释说法律其实就在生活的很多地方，可能是空间性、物质性、言语性的，这些都有可能，法律就在这些地方。她们所建构的法律性是一个人一旦透过他的劳动力(铲雪)放了一个象征(椅子)，那么他就取得了暂时性在此停车的使用权，如果一旦再降雪，他所铲的那块地方被雪覆盖又不见了，那么他的使用权也就没有了。其实我们的日常生活就在建构法律性，人是通过行动生活在结构里，不同的地方会用不同的方式去建构这样的一个法律性。人在受到结构的制约同时，也会通过新的行动去挑战已有的结构。

我认为研究法律性的方法，可以运用 Dorothy E. Smith 所发展的“建制民族志”(institutional ethnography)方法，从认识论的角度来说，必须以个人经验为起点，尤其要针对日常生活世界中被认为理所当然的行为，予以问题化，找到这些行为被认为理所当然的脉络。既然是以个人经验为起点，研究者就应该尽量让研究对象说故事，并且尽量发展让被研究者赋权(empower)的技能、知识与行动，让研究者与研究对象互为主体。这样的过程中，主要问一个问题：是什么样的法律性，使得社会不平等结构得以延续？基于对弱势者的关怀，法律的建制民族志预设(研究本体论或存有论)，法律作为一个制度，基于人权的目的，设计上具有某种特定的功能，例如家庭、司法、福利、医疗、教育等，而法律制度所建构出来的权力关系，乃是透过人们日常生活由下而上参与

---

① 〔美〕帕特里夏·尤伊克、〔美〕苏珊·S. 西尔贝：《法律的公共空间——日常生活中的故事》，陆益龙译，商务印书馆 2008 年版。

(participation)而完成的。法律建制民族志研究的目的,在于捕捉个人行动与制度法律性的动态过程,尤其发现背后的意识形态,最终的目标在于,深刻批判并反思法律的社会建构中的问题,重要的是,理解的同时得以发展行动,也就是强调研究即实践。

举例而言,我曾经从事过关于人口贩运法制的研究,想从中看到法律性的建构到底是什么?我发现人口贩运的工作者(包括法官、检察官、警察、社工员、劳动查察员、社会运动者等)在操作法律时,有一些理所当然的假设,经常会强调被害人的悲惨遭遇,并且将加害者邪恶化,攻击他们有多恶劣,因而争取了更多资源与认同。实际上,人口贩运防治网络的建立,对被害人来说虽然能得到专业的协助,却也因为被定位为被害人,因此必须进到安置中心并被要求遵守一些生活规则。另一方面,进到法庭之后,这些在媒体上雷声大的案件,大部分加害人通常却都是雨点小地轻罪结案,更可悲的是,结案后这些人可能继续从事人口贩运。这就形成一个循环,虽然投入大量的资源,一批批人口贩运加害人还是前仆后继。专业工作者看到此一过程,虽说可以将之归咎于某一个专业的问题(例如司法),或者归咎于专业的藩篱与鸿沟,但是不可否认的是,防治网络最后成就的是这一群救援与帮助者,她们就变成了做好人做好事的专业者,这就是法律的主要社会作用,此时,法律就具有压制性的作用。在研究过程,我就在想怎样去做一个翻转让它具有创造性,我最后从一些理论资源中去探讨。研究成果体现在《法律的压制性与创造性》这篇文章[①]中。

---

① 王晓丹:《法律的压制性与创造性——人权与人口贩运法制的被害者主体》,载《政大法学评论》总第137期(2014年)。

## 六、法律历史社会学

我自己做研究的主要出发点就是人类学式的不断观察，基于好奇，例如听见有人说话我会不断去想背后的意义、说话者为什么要这样说，而我跟别人讲一句话时，我也会想我为什么用这样的方式讲，或者我本来不是这个意思但为什么在交流的过程中就变成了这个样子。我后来找到了历史社会学的一些资源理论。这些资源理论认为，在外部条件之下所留的烙印，并不是机械地反映在人们的行为中，而是渗透在人格的形成核心当中。

历史社会学认为社会型态或模式自有其历史的延续性，此类研究关心往昔与当下的联系。例如，Max Weber 将冷静的布尔乔亚当作资本主义精神的一种类型，主张新教精神中禁欲主义及其有条不紊而机械如仪的理性化，被带出修道院之后，服务于世俗的积极生活，因而促进了欧洲资本主义的发展。Norbert Elias 认为宫廷社会的居所结构反映社会结构，而此种社会结构也被打上印记，延续到当代社会，从而说明了文明与暴力相结合的时间与空间特征，这包括其所提出的权力理论化的三个关键因素：可视性（visibility）、互赖性（interdependence）与策略游戏（strategic games）。Michael Foucault 研究历史上疯癫、游民、性变态、罪犯等个体经验，追索知识和权力如何将这些人建构为他者，他关注权力的积极作用，也就是主体性（subjectivity）与真理（truth）的问题。

我尝试把历史社会学的一些想法，尤其是关于过去社会结构对人格类型的影响，应用在关于法制发展的研究中。例如，我的一篇文章《性暴力法制的历史交织》研究了台湾地区的妨害性自主犯罪与审判。[①] 在这个研究中,我先从学者对清代刑科题本的研究讨论起,发现里面有40%的强奸案都是一种样态,叫做"威逼致人于死"。此种案例的大量出现,乃是因为当时要证明被强暴是非常困难的,这导致唯一的方法就是自杀,自杀之后好像就可以证明你是被强暴了。在当代台湾地区,我们的法律运作有所谓的刑事客观性和正当的程序等,似乎没有这么严重,似乎已经改变了,但实际上我认为会有一个历史的延续性。清代那些女性自杀,可能是因为很多人会去谈的贞操问题,贞操问题使得被害人要通过自杀来保证自己的清白。因为台湾地区"性别平等教育法"的关系,我调查了很多这类案件,每次去面对这些当事人的时候都会发现,以前那种威逼致人死的样态还是存在的,倒不是说因为贞操,而是由于性这种事在华人世界还是避免谈论的,一旦你涉入这样的案件,无论你是受害人还是被指责为加害人,似乎都被戴上了道德污名的帽子,在这个过程里,每个人都在不断地说故事去证明自己的清白。好像这件事你做错了,一辈子就完了。这种不能犯错的文化是一旦错了就不能够被洗清或恢复的,这对于法治社会来说是非常可怕的,因为每一个人都可能会被指责或受害。我自己做研究,就会去观察社会里面的个人或集体的法治的困境,然后不断去思考在历史的脉络里面有什么延续性。

法律历史社会学的研究取径,强调法社会现象的研究必须考虑历史的向度。此种研究取径预设,法社会现象本质上就是历史过程中社会互动的结果。虽然此种研究取径还有待发展,但是我们希望,法律历史社会学的研究,可以补足法社会学研究中纯粹以实证的经验性资料为基础的分析,从而跳脱结构功能论的共时性研究之局限。如果能与文化传统中既有的思维相结合,将使得

① 王晓丹:《性暴力法制的历史交织:一个性别批判的观点》,载陈瑶华主编:《台湾妇女处境白皮书:2014》,台湾巨流出版公司2014年版。

我们发展新的能力，能够从实践的智慧中，找到文化发展的脉络，以及更重要的、积极行动的可能。

## 七、反思法律建构的行动：把自己站出来，又不伤害他人

今日在各大法学院中占主流地位的是外来的法律释义学。过去经常有人批判它过于崇尚舶来品，总是以德国法（或其他外国法）作为法律制定与解释的标准。法律释义学企图以国内的真实案例大量补充或调整外来法所产生的法律议题，虽可部分地解决问题，但是仍然忽略了几个法学的重要层次。第一，西方法乃是16、17世纪以来西方封建社会权力关系改变下的产物，而我国的国家与社会发展有不同的路径，法律不见得具有相应的社会基础；第二，西方社会在当代自己也面临了重大的危机，学术上有许多反省，其中个人主义作为西方法律的基础，也面临调整的迫切性；第三，法律移植过程经常以西方概念和语汇来理解本土的现实，具有误读以及过度强调西方的不对称性；第四，从清末以来，我们一直不断地在进行法律移植，而西方法律的自由、平等之概念及用语，也已经成为我们生活中的重要语汇；第五，法律发展不是西方与东方非此即彼的选择，而是回顾过去，反思当下法律建构行动的问题。

我在这里提出"法律的日常建构"此一研究取向，目标在于考察当下的法治与法文化。总结来说，此一研究取向理解法律，并非将之当成静态的文本。法律是人们在行动中不断阅读、审查、挪用、歪曲、改写的"行动中的文本"。打破了法律规定与法律实践二分的概念框架之后，我们要关注法律文本的社会历史脉络，也就是法律移植，并提出了法律转译、法律适应以及法律发展（或文化变迁）的分析框架；通过一些经验研究，聚焦于法律移植的长

期社会过程中因为移植法与固有法之规范交错下生成的个人困境。我们发现,这些困境之所以难以转化,与人们的法律姿态密切相关,也就是法意识之文化基模促使我们在困境中无法转化。研究者应该要透过建制民族志的方法,探究行动中的法律文本,一方面思索特定场域法律性的建构,另一方面发现行动中挑战此法律性的可能。而整体的法律历史社会学的理论性关照,或许有助于厘清过去历史发展与当下现实困境,并发展出批判性的反思行动。

针对"法律的日常建构"此一研究取向,许多朋友最常提及的问题,便是面对规范交错的困境时要怎么办?如何发现并挑战法意识的文化基模?什么才是真的在批判现实并采取伦理行动?我初步的响应便是,生活中我们常被突袭,妳/你可能突然发现自己被排除,或者看见不公平,或者有人受伤害,或者某种风险正在增加,或者妳/你正处在困难抉择的处境之中,我们被突袭的时候,一开始通常反应不过来,因而呆在当场,什么都没做。最常见的反应是假装没看到,当作事情没发生,尽量保持当场的和谐,但是到一个时点又可能突然暴怒,引发火爆的对立。因循一般惯习的结果,可能是眼睁睁地让排除、不公平、伤害、风险等发生。如果要突破这种困境,就要挑战自己在文化中的惯性,发展伦理行动。首先,在行动的时候要第一时间讲清楚自己的位置,定位彼此的权利义务关系,才不会阴错阳差而进入到奇怪的状态。这个是我觉得要练习的。从研究观点看出冲突到底是什么,它的法律性是如何被建构的,建构的时候有什么交错,对人来说是怎样的一个突袭,在突袭当中我们有没有突破的可能。

换句话说,当我们受到突袭时,要练习让自己站出来表达自己的同时又不伤害别人。例如,谈性别问题其实是这样,性别问题绝对不是男对女的压迫,它其实是有权力的人对无权力的人的一种压迫,这种压迫在我们的社会里无处不在。面对父权的压迫，我们怎么让自己站出来，为自己的自我认同而努力？我相信那个自我认同是在社会互动中不断建构的。如果我放弃这个战场，放弃那个战场，每个地方都放弃，那就不是我想要变成的那个我，所以我要自己去不断地练习。我们能看到很多沟通的可能性与不可能性，了解尊重是什么样子的。你既想要站出来表达自己，又要给别人足够的尊重。我觉得是个很难的问题，但值得去思考。

以六个女儿被排除继承财产的案例来说，随着经济发展和人们权利意识的提高，只分给儿子的趋势会逐渐消解，但我也在观察改变的原因，挑战行动的部分扮演了重要的角色，而在挑战中人们日常建构关于继承的法律性也会有所转换。以前大家觉得要靠儿子养老，现在可能儿子也不可靠了，反而是要靠女儿，这时父母就会开始转换思想。这就包含了继承这件事情背后的想象和价值，这种相对转换要通过行动去改变日常建构。例如，我有一个朋友，她爸爸一直觉得财产要给儿子。我的这位朋友是个律师，而她的兄弟是个法官，她还有四个姐妹。她爸爸从以前到现在都说钱要给儿子，就在台北市中心买了栋房子给儿子住；她妈妈很早就过世了，只有爸爸一个人，但是我朋友跟爸爸很要好，父女俩经常打电话。有一天我朋友在谈论事情时就当着她爸爸的面说要叫自己的女儿不要理阿公（台湾方言，指爷爷），因为阿公都把我们当外人。她爸爸听了之后就突然醒悟，他本来以为不会啊，不会有内外之分，后来在分财产时就开始去处理、分给女儿。这就是我想要表达的：我们要让自己站出来，又不去伤害别人。我们怎么在社会生活中得到法治资源，然后去创造一个文化里所谓的启蒙思维，必须要在这些行动里面去寻找。

总之，练习把自己站出来，又不伤害他人，这并不是期待法律具有有效性的胡萝卜或是棍子的问题，因为胡萝卜或是棍子是管理者可以决定的。如果你还是觉得我自己是个立法者，要别人来遵循我的法律,而法律的遵循本身就是达到我的目的,那就是错误的,因为法律其实不是这样的,它是人与人之间通过互动来不断建构我们要成为什么样的人,我要跟别人有什么样的互动。所以,不是管理者去制定法律,而是我们每个人通过互动去建构、去挑战,在这个结构里我们被局限、也被挑战,在这里我们每个人是平等的,没有管理者和被管理者之分,尤其在日常生活中每个人都有一个中心点。对我来说,它不是一个管理者立法的问题,而是我们每个人怎么样在生活里面让自己站出来的问题。社会中总是有很多政治权力,总是会有很多领导掌握资源分配的一些权力。在政治权力的运作过程中,我们怎样发展一套法律思想让每一个人有平等的能量在自己的生活中去建构法律性?我认为,真的要谈法律,就要在这样的层次之上。

## 延伸阅读文献

### • 著作

Patricia Ewick and Susan S. Silbey, *The Common Place of Law: Stories from Everyday Life*, Chicago: University of Chicago Press, 1998.

Simon Halliday and Patrick Schmidt, *Conducting Law and Society Research: Reflections on Methods and Practices*, New York: Cambridge University Press, 2009.

Marie Campbell & Frances Gregor, *Mapping Social Relations: A Primer in Doing Institutional Ethnography*, Garamond Press, 2002.

王增勇等:《建制民族志入门:为弱势者画权力地图》,台湾群学出版社2012年版。

### • 论文

王晓丹、林三元:《法律移植与法律适应——婚姻受暴妇女声请民事通常保护令裁定之分析》,载《思与言》第47卷第4期(2010年)。

王晓丹:《法律的压制性与创造性——人权与人口贩运法制的被害者主体》,载《政大法学评论》第137期(2014年)。

王晓丹:《法律继受与法律多重制图——人口贩运法制的案例》,载《"中研院"法学期刊》第15期(2014年)。

王晓丹:《法意识与法文化研究方法论:以女儿平等继承为例》,载《月旦法学杂志》第189期(2011年)。

王晓丹:《规则细致化的法律行动——试论法院民事调解的社会功能》,载政大基法中心编:《法文化研究——继受与后继受时代的基础法学》,台湾元照出版公司2011年版。

王晓丹:《如何解码台湾法律、社会与文化的纠结》,载《私法》(第9辑第2卷),华中科技大学出版社2011年版。

王晓丹:《性暴力法制的历史交织:一个性别批判的观点》,载陈瑶华主编:《台湾妇女处境白皮书:2014》,台湾巨流出版公司2014年版。

# 第2部分

# 主题研究

# 媒体资料的运用与经验研究

王启梁*

王启梁，男，云南蒙自人，云南大学法学院教授、博士生导师，现任云南大学党委研究生工作部部长。致力于运用社会科学的方法、理论研究基层法律实践、边疆地区法治建设问题，主张把法律放在社会与文化的背景下进行研究，动态地考察法律、社会、文化的互动关系。2001年以来在《法商研究》《现代法学》《法学家》《思想战线》、*The Journal of Legal Pluralism and Unofficial Law* 等中外学术刊物发表论文50余篇。出版有《迈向深嵌在社会与文化中的法律》(独著)、《反对拐卖：行动与理论的反思》(副主编)等著作。主持完成国家社科基金青年项目“边疆多民族地区和谐社会的法治构建”等10余项科研项目，现主持国家社科基金一般项目“基层执法的困境与对策研究”等国家级、省部级项目3项。曾获教育部“霍英东教育基金会高等院校青年教师奖”三等奖、云南省“哲学社会科学优秀社科专家”称号及云南省“优秀哲学社会科学成果奖”一等奖等奖项。

---

* 本文是王启梁教授为2013年11月在云南大学法学院举办的第一届社科法学研习营准备的讲稿，其间由于忙于会务工作，未能讲授。此后，作者在云南大学给部分参加过本届社科法学研习营的研究生讲授过。2014年8月作者再次进行了修订。

在本届研习营的课程中，各位老师的讲授涉及法律经验研究的不同方面，我深受启发。我最初开始学习法律的经验研究，是从乡村法律与治理问题开始的。[①] 自 1997 年大学二年级的暑假开始，我就和师弟师妹们经常在云南边疆少数民族农村进行调查，到博士生阶段后常常是我独自在异乡村庄中度过一个个日子。这些记忆是我学生时代最宝贵的人生经历，不仅仅只是学术训练。在听柏峰和赵旭东教授的报告时，勾起了我许多美好的记忆。

今天我要分享的主要是关于媒体资料的运用问题。这是因为媒体已经成为我们生活中非常重要的部分。在很大程度上，媒体如何报道、报道些什么，影响了大众对世界的认识。从学术研究的角度看，媒体对事件的报道成了学术研究的资料来源之一。此外，媒体的报道、人们的自媒体行为、舆论本身也会成为研究和批评的对象，例如朱苏力、陈柏峰、桑本谦、尤陈俊、侯猛、徐昕等学者，都运用过媒体资料进行个案研究或某方面的批评。我个人曾发表过有关"躲猫猫"事件、李昌奎案件的两篇文章。

我的核心观点是：我们固然需要学会纯熟地运用媒体资料进行研究，然而，媒体资料，或者更广义地讲，所有的二手资料的运

---

① 本人为学生讲授和写作的有关人类学方法在法律研究中运用方面的指导性文章，参见王启梁：《从书斋的冥想中出走——人类学田野调查方法在法学研究中的运用浅述》，载《贵州民族学院学报（哲学社会科学版）》2007 年第 3 期。

用本身，都离不开研究者的经验和经验感。当然，运用媒体资料进行研究中的经验属于间接经验。这里的潜台词是，我们在运用媒体资料、关注媒体报道时，不能被报道“欺骗”、牵着鼻子走，而是需要看到一些更深层次的东西和问题。

## 一、要有超越报道的思考力和想象力

让我们先来看一个真实的案例：

**案例 1**

### 公车私用赔偿案①

2009 年，寻甸县人大常委会副主任张文新驾公车回家迁坟途中坠崖，造成自己及妻子李冬梅、一名亲戚身亡，另有 2 人受伤。其子张鑫将县人大告上法庭，索赔母亲李冬梅的相关赔偿款 36 万余元。一审法院以“人大准许公车私用存在过错”为由，判县人大赔偿 34 万余元。昆明市中级人民法院二审后认定一审判决错误，因为“寻甸县人大借车是行政纪律的问题，在民事法律关系中不存在过错”。进而对此案作出终审判决：撤销原判，驳回张鑫等的诉讼请求。

虽然普通民众无法从法律关系、法理上分析这一案件，但是公车私用出车祸还获赔偿，这严重违背了普通人的公正观，因此，一审法院作出判决后，舆论一片哗然。

---

① 参见徐元锋：《官员公车私用出车祸身亡单位被判赔家属引争议》，http://politics.people.com.cn/GB/1026/17483425.html，最后访问时间：2012 年 3 月 26 日。

大家会发现，这一案件法律关系简单，法律事实清楚，并不存在法律适用上的难点。案件中有三个关系：第一个关系是公车管理中的行政纪律，即县人大办公室借给张文新公车是否违纪，这是内部纪律的问题；第二个关系是公共机构管理公共财物的行政法律关系，即县人大办公室借给张文新车辆是否违反有关的行政法规，这是公法上的关系；第三个关系是县人大办公室作为车辆所有权人对于张文新使用车辆发生车祸是否负有责任，这是私法、民法上的关系。

一审法官的错误，是把县人大办公室租借公车的行政纪律行为、行政法上未合理管理公共财物的违法行为，理解为民法上的"未尽到管理义务"。简单地说，县人大办公室借车给张文新是违纪行为并可能违反有关行政法规，但是在私法(民法)关系中却不存在过错。张文新对于事故发生负有全责，本应承担对李冬梅的赔偿，然而此案的特殊之处在于张文新和李冬梅是夫妻，二人均已死亡，法院如判决张文新负赔偿责任将没有任何意义，这相当于原告对自己负有赔偿责任。所以，法院应驳回起诉。此外，当地纪检监察部门应该就县人大是否违纪、涉嫌违法进行查处，给公众一个交代。

我所要强调的是，之所以讲这个案例，我不是要告诉大家如何分析法条或如何适用法律，而是去"想象"为什么法官会错误地适用法律。如果我们仅仅看到一审法官适用法律方面的错误，仅满足于法条主义的规范分析、技术性的法律适用研究，那么我们可能已经远离事实，远离了涉事者行动背后的真正原因和逻辑，也因此而远离了对现实的真正把握。

我们不妨试着假设一审判决的出现有哪些可能的原因：

第一种可能：法官业务不精，连基本的法律关系都无法厘清，以至于错误使用法律。

第二种可能：法官受到某种权力的干预，对法官独立判案造成干扰和压力，法官被迫作此荒唐判决。

第三种可能：法官从枉法中获得非法利益，或者基于人情关系有意判处寻甸县人大败诉。

第四种可能：一种更大胆的假设，即法官为了创造一种判例，凡是公车私用造成的损害后果一律由出借公车的单位承担，以此来达到禁绝公车私用的情况。[①]

第五种可能：事实……

如果是第一种情况，说明该法官完全不适格，虽无主观过错，却无能胜任关系百姓生死、利益攸关的裁判工作，应该调离司法系统。并且，这说明我们的法官选任、训练和适格考核等制度可能存在问题。第二种情况是对司法独立的破坏，伤及法官独立审判的基本价值，必须追究其妨碍司法公正的法律责任。这说明我们的司法体系中对法官独立审判的保护是不够的，那么要研究的就是在何种情况下法官会受到不合理的干预、如何从制度上来解决这些问题。第三种情况属腐败行为，应追究违纪和刑事责任。那么，要研究和解决的就是，权钱交易如何成为可能，应该如何完善对此加以防患的有关制度。第四种情况属法官缺乏常识、常情、常理，经验不足，对法律判决的社会后果缺乏认识和预判能力，应予以教育。那么这就和第一种情况有相似之处。

之所以要假设这些不同的可能性，是因为每种可能性的背后都意味着我们是否能把握住问题发生的真正症结，或者说我们是否意识到问题的复杂性。对问题的解释决定了对问题的解决之

① 这个假设是由云南大学法学院2013级民族法学专业研究生赵军干提出来的。我认为虽然不一定适用于这一案例，但是法官试图创造司法范例或促成新的司法解释的产生的情况还是较普遍地存在。

道。针对不同的原因和行动逻辑，开出来的药方会天差地别。

此外，还有第五种情况，即事实是怎样的。这可能超出我们的想象，需要通过对审理此案的法院进行调研才能了解。

通过对这样一个简单的案件进行四种假设，我是想提醒大家，媒体提供的信息往往是不完整或表面化的。就好比此案，如果我们的思考仅停留在法律适用的问题上，那么，我们就很幼稚了。

## 二、经验研究的积累决定着对媒体报道的解读

我们接着看另一个更有意思的案子。[①]

**案例 2**

### 中国第一例牛亲子鉴定案[②]

1998 年 8 月，石林县农民赵文兴家的母牛所生的一头小牛丢失，次年 6 月，他听邻居说村边的山上有一头小牛与他家丢失的牛非常相像。赵文兴找到小牛，一看果然是自己的牛，就把牛牵回了家。第一天，邻村的毕万福找到赵文兴，称小牛是他家的，

① 这部分内容，主要来自于王启梁：《当代中国正式社会控制的图景与困境》，载张永和主编：《社会中的法理》(第 1 辑)，法律出版社 2010 年版。

② 马志恒、童晓宁：《“牛亲子鉴定”辨真伪》，载《人民法院报》2000 年 6 月 14 日。此案判决见 http://panli.110.com/panli_27153.html，最后访问时间：2009 年 10 月 1 日；李子文、张义忠、刘辉：《农民求助 DNA “亲牛”鉴定讨公道》，http://news.sina.com.cn/s/2000-11-07/142258.html，最后访问时间：2009 年 10 月 1 日。此案中赵文兴的代理律师佴澎博士是笔者的朋友，对于案件的其他细节做了补充，特此致谢。

要求赵文兴归还。而赵文兴断定牛是自家的,拒绝归还。毕万福起诉至石林县法院,要求法院判令赵文兴将牛归还他。赵文兴则提出反诉,要求毕万福赔偿他为找牛支出的有关费用。在一审审理中,由于赵文兴不能提供足够证据证实他从山上牵回的牛就是他丢失的牛,被判决将牛返还给毕万福。

坚信牛是自家的赵文兴也铆足了"牛劲儿",他跑到昆明请律师,并向昆明市中级人民法院递交了上诉状。在律师的建议下,赵文兴决定依靠科学鉴定来证明牛的归属。然而,有关司法鉴定中心及医院等机构,都拒绝给牛做鉴定。最后,中国科学院昆明动物研究所同意接受这一委托,但由于没有先例,鉴定费须7000元,比一般的亲子鉴定要高出几千元。然而,赵文兴很坚决,砸锅卖铁也要做。

1999年底,昆明动物研究所的鉴定人员来到石林县对赵家的公牛、母牛、双方讼争的小牛及毕家的公牛、母牛、母牛生的小牛抽取了血样。2000年1月,研究所采用DNA分析法对此进行了鉴定,并做出结论:双方讼争的小牛确实是赵文兴家的母牛所生。根据这一鉴定结论,昆明市中级人民法院做出二审判决:双方争议的牛归赵文兴所有;一、二审案件受理费300元、鉴定费7000元由毕万福负担。

这起案件被称为中国第一例牛亲子鉴定案,上过中央电视台《实话实说》节目。电影《法官老张轶事之审牛记》就是以此案为蓝本拍摄的。在《人民法院报》等媒体的报道中,案中的老赵被说成了自觉运用法律维护合法权益的典型。并且,此后在其他地方也发生了多起类似的案件,均被认为是民众法律意识的增长。[①]这样的解读是站在国家法治建设的立场,从外部视角看待当事人的行动,当然有一定的道理。但是,这种解读忽略了这类案件中的一些关键因素:当事人发动司法救济的动机、背后的社会原因是什么?用人类学的话来讲,我们更需要一种"主位"的研究视角来看待当事人的行动逻辑和观念。

此案中,老毕为什么在明知牛不是自己的情况下还要"恶人先告状"呢?为什么老赵"砸锅卖铁也要做"这个牛亲子鉴定呢?老赵和老毕是同村不同组的乡亲,老赵在发现自己的牛之后、牵回家以前,向村干部报告了自己要把牛牵回家,这就让所有村民都知道老毕是拿了老赵的牛的人。如果老毕"理智"点,就不会再找老赵,但是这事关脸面问题,老毕实际上已经被逼到墙角。因为在日常知识中不能确定牛是属于谁的,老毕并不认为自己打这场官司会输,法院的法官难道还真的会分辨牛母牛子的关系?果然,一审中,老赵把这头小牛的妈,就是母牛,带去给法官辨别,法官当然无法辨别,老赵也就败诉了。如果从工具理性的角度看,老赵此时应该息诉,而不是把官司打到底。因为,老赵做牛亲子鉴定的费用非常高,他得东借西凑,而对方呢,也是一个和他经济状况差不多的农民。从诉讼的技术和风险上来讲,如果法官不采信老赵提供的牛 DNA 鉴定,那么他将血本无归;即使打赢官司,也同样可能面临执行的困难。因此,从工具理性的角度讲,老赵为了一头价值可能不到千元的牛冒如此大的风险实在是非常不值。但是,为什么一审的败诉会彻底把老赵推到绝境呢?这就必

① 例如,曾鸣、潘小平:《耕牛权属惹争议亲子鉴定解纠纷》,http://www.people.com.cn/GB/paper49/9770/899107.html,最后访问时间:2009 年 10 月 1 日;中央电视台"法治视界"节目《一头牛引发的亲子鉴定》,视频见 podcast.cctv.com/opus/156545.html,最后访问时间:2009 年 10 月 1 日。

须回到乡土生活的场景中才能理解——如果不把官司打到底，老赵不仅吃亏，还要背着骂名或者惹来耻笑过完下半生。所以，对于老赵来讲，反诉是必然的。可以说，是DNA技术救了老赵，也挽救了法律的名节。

所以，对于老毕为什么打官司、老赵为什么要把鉴定"进行到底"，这两个问题的答案是一样的，也就是说他们两人都受到村落生活这一生活样式的限制，是这种结构化的处境促使两人都付诸法律放手一搏，打官司无非是为了清白和脸面，是为了在乡村生活中的长远安宁，司法成为了实现乡土逻辑的工具。不同的只是，老毕欲图用法律规避自己的不道德（也可能是无心之过），老赵则把司法视为最后的救命稻草；老毕怀有较多的侥幸心理，而老赵则是破釜沉舟。

我之所以不从民众权利意识、法治意识增长这样的角度看待这类案例，是因为这种视角导致了我们对民众如何对待法律及其特性这一问题的误解，并且继而产生误判：以为法治的进步主要取决于民众权利意识和法律意识的增长——这无非是一种简单的社会改造论，回避的恰恰是对法律制度自身的改造。人们是否选择法律，与他们关于法律的知识和认知有关，而不是抽象的法律意识，更不是道德问题；人们是否运用法律，除了对法律有一定的认识外，更重要的是法律提供的预期是否符合人们的需求、是否与地方性的知识有所切合。

同样的原理，那些故意规避法律、逃避司法、放弃法律途径解决问题的案件中，无不是当事人经过对司法的预先评估后作出的选择。例如，徐昕教授所研究的华南收债个案中，当事人放弃法律而选择私力救济。[①] 另一项关于法院执行的研究也说明，金融

---

① 徐昕：《论私力救济》，中国政法大学出版社2005年版。

机构选择法院执行，并不是预期法院真的能够追回不良贷款，而是由于法院的文书是银行做账、处理坏账的最终依据。[①] 所以，人们如果还有更便捷、更廉价的方式实现目的，恐怕就不必选择司法了。从积极的角度讲，司法为人们实现其目标、价值提供了一种可能的正式途径，而所谓“利”也可能是某种道德、价值，也因此司法能够张扬其所确立的价值——无论人们最初是基于什么样的工具性目的来使用司法。

从个人的角度来认识法律的这种工具性，也是基于社会生活的多面性和复杂性，其决定了人们以这样一种功利的态度对待法律。人类始终是一种追寻意义的动物，即使在今天迅速的高度工业化、市场化进程中，即使人已经越来越多地被物质所裹挟。但是，信仰、生活意义却是来源于生活的日常实践和人们的社会化，是一个自然而然的习得过程。法庭中更多的是一次性交易，没有固定的人群，没有人的反复博弈，也没有人的社会化，因此在法律的领域里不会产生个人的信仰和生活的意义。说到底，法律虽然也追求价值，但是这些价值是“普适性”的或者是一种精英决策的产物，并且其手段和方法经由理性来计算（虽然未必真的够理性），通常其手段和途径的设计主要是考虑到效率问题（虽然未必真有效率）。从空间的角度来看，法律必须处理不同地点、时间的问题，但是信仰和生活意义却是具体的，和地方性的生活有关。法律给出的价值和意义，注定不会和某个具体的个人的信仰和生活意义达成完全的一致。所以，法律作为一种可以随世事、时势不断改变的权威，在本质上仅能提供一种相对稳定的预期，而不能提供“永恒”的价值和意义。人们运用司法，也就是选择了一种

---

① 唐应茂、盛柳刚：《民商事执行程序中的“双高现象”》，载苏力主编：《法律和社会科学》（第 1 卷），法律出版社 2006 年版，第 1—29 页。

武器、一种资源，它恰好被认为能够帮助我们达到某种利益——无论是金钱、价值追求、道德感还是某种情感。

揭示司法对于个人的意义是作为一种解决问题的工具，并不否认司法应该具有基本的正义和公平，相反，司法所具有的正义和公平还必须能够被感知；也不否认司法还具有其他的价值，比如作为统治方案中的一部分。我所要强调的是，法律作为个人和社会解决问题的工具，应该成为理解司法问题的一个出发点，并且是考量司法制度的一个方面。没有人会相信和选择不能解决问题的司法。而我们今天的法律实践中，存在的一个问题就在于司法尚不能公正、独立和有效地解决复杂的问题，因此司法的权威难以树立，也因此信访、群访这些看起来非司法的问题解决途径才有了它存在的必要性和合法性。[①] 因为这些途径恰恰能够启动更高层次的行政控制来解决司法所不能解决或不愿解决的问题，典型的如外嫁女的土地权益纠纷。[②] 当然，这并不等于说国家体制内的非司法化的问题解决方案应该一直存在下去，这是两个不同问题。

总之，通过这个案例的分析，我想告诉大家的是：第一，对媒体资料或二手资料的运用、解读，离不开研究者经验研究的积累，否则就会停留在对表面现象的认识，离真正的有价值的问题很远。第二，许多媒体报道往往抽离了事件发生的具体场景，研究者应该试着回到事件发生的场景以及当事人生活的背景中，这样才能发掘出被遮蔽的行动逻辑和事实。

---

① 参见张永和等：《中国基层信访问题研究报告》，载《云南大学学报(法学版)》2008年第3期。

② 贺欣：《为什么法院不接受外嫁女纠纷——司法过程中的法律、权力和政治》，载苏力主编：《法律和社会科学》(第3卷)，法律出版社2008年版，第66—97页。

## 三、不要轻信

和前面讲的注重经验感、强调突破媒体报道的表面化、采取“主位”视角有关的另一个问题是，不要轻信媒体报道。在人类学的田野调查中，已经发展出一些重要的方法和经验来核实、甄别调查资料的真伪。同样，在对媒体资料的运用中，也需要特别小心。许多报道，或者因为报道者的能力、技巧，或者是基于某种先入为主的立场，甚至是基于故意误导公众等原因，会导致报道失真。因此，对研究者来讲，从一开始就应该对所有报道多一份警惕。

在这方面，陈柏峰教授有一篇文章《传媒监督权行使如何法治——从“宜黄事件”切入》[①]，特别值得借鉴。在这一研究中，柏峰对“宜黄事件”中的知情人进行了实地调研，细致地梳理和分析了媒体报道中存在的疑点和不实之处。最后，通过他的文章让我们惊讶地发现，原来事实和媒体报道的相去甚远。

简单地说，媒体喜好轰动的情节，却厌恶复杂的事实，它像剪刀，裁剪着当事人所共同面对的世界，把它简化为后来读者、听众所看到和听到的样子。因此，媒体必定会有偏颇，在不同的事件中无非是偏颇程度不同而已。在李昌奎案件中，我们目前还没有发现非常严重的歪曲，但是从犯罪学的角度仍然会发现李昌奎有其值得同情的一面，他的凶残也是可以被理解的，而这些在舆论中被忽略了。药家鑫案中的张显正是动用了媒体煽情、扭曲的一面，形成了失真的“事实”，媒体的确扮演了极不光彩的角色。还

---

① 陈柏峰：《传媒监督权行使如何法治——从“宜黄事件”切入》，载《法学家》2012年第1期。

有最近重新进入公众视野的“彭宇案”……

我们在这方面有太多教训，一定要小心。就我自己的经验来看，有三点供大家参考：

第一，对一个事件的追踪，需要全面收集和阅读报道，包括不同的官媒、自媒体，不要凭个人好恶筛选。在全面收集阅读的前提下，发现资料中矛盾、冲突的方面，从中发现值得怀疑的信息，从而进一步运用逻辑和经验解读资料。

第二，如果可能，把媒体资料的运用与实证调查结合起来开展研究。在前面已经提到过，陈柏峰老师在对“宜黄事件”的研究中运用了实地调查方法，重新核实了事件事实。我个人的研究中也很重视这一做法。在对 2013 年昆明反对石化项目事件的研究中，我一方面追踪媒体报道和自媒体舆论，另一方面也同时展开参与观察和访谈。前面讲到的第一个案例“公车私用车祸赔偿案”中，我也对有关法官进行了访谈，发现事实和假设就很不一样，事实的复杂性和丰富性有时候会超越我们的经验，只是限于保密的承诺，我不能告诉大家真正的原因是什么。另外，很重要的一个经验是，并非所有的研究都需要全面的社会调查，在对李昌奎案件的研究中，我主要依赖媒体资料和信息，但是，在关于审委会如何运作等关键性问题方面，我还是进行了一些访谈，以求准确理解法院的运作逻辑。这次从美国来的刘本老师的一些研究，也是把实证调研和媒体资料的运用结合起来的。我之前关于中国三十年反拐卖法律的实施的研究也是如此。

第三，写作不宜超出资料所限，分析和资料之间应该保持一种饱和度，如果资料不理想，那么应该转换写作方案或放弃写作。

# 四、其　他

除了前面讲的问题外，还有一些小的经验和大家分享。

一是资料的保存。媒体资料的特点是获取方便，但是量很大，特别是出现在论坛、微博、博客等网络平台的信息容易被删帖、删除、篡改、灌水。因此，为了保证资料的可查询和真实性，应该采取一些手段及时、完整地保存，例如保存完整的网页、网址、查询时间等信息，有一些可能需要截屏保存。

二是研究对象的问题。我们前面讲的主要是关于运用媒体资料来进行个案、事件或某个具体法学问题的研究。但是，非常重要的一点是，在当代社会中，人们的网络法律行为、对法律事件的评论本身也是非常值得研究的对象。大家不妨试着做一些研究。

# 互动环节

**学生提问：**王老师，您一直做田野调查，也运用媒体资料进行研究，那么，您认为这二者之间是否有某些相似性或联系？

**答：**很好的问题。我个人认为对媒体资料的运用和田野调查确有相似之处，在研究中都必须对获取的信息、资料保持敏感性，要有反思和怀疑，不被表面化的信息所蒙蔽。总体来讲，田野调查中能否发现资料存在的问题，往往和调查时间即“熬时间”、像赵旭东老师讲的“住”在那里有关系，太短的调查容易被表面信息迷惑，但时间长了，假的就蒙不住了。而对媒体资料的甄别有时候更困难一些，因为如果不具备实地调查的条件，就只能依赖于经验感、逻辑分析来把握资料和事件逻辑。此外，二者说到底都是经验研究，经验研究本身依赖于经验的积累，大家要多尝试，这一点在讲座中我已经说过。

**学生提问：**对于网络资料、轰动案例，有没有最好的方法和理论分析工具来进行研究？

**答：**用什么理论分析工具，取决于分析什么问题，我认为没有最优的理论，也没有最优的方法，理论和方法的运用，只能根据所要研究的问题来选择。

## 延伸阅读文献


### • 著作

〔美〕曼纽尔·卡司特主编:《网络社会》,夏铸九等译,社会科学文献出版社 2009 年版。

〔英〕朱利安·罗伯茨、麦克·豪夫:《解读社会公众对刑事司法的态度》,李明琪等译,中国人民公安大学出版社 2009 年版。

王启梁:《迈向深嵌在社会与文化中的法律》,中国法制出版社 2010 年版。

### • 论文

〔荷〕刘本:《人民对抗污染之战》,载 Jennifer Holdaway 等编:《环境与健康:跨学科视角》,社会科学文献出版社 2010 年版。

陈柏峰:《传媒监督权如何法治——从"宜黄事件"切入》,载《法学家》2012 年第 1 期。

毛泽东:《反对本本主义》,载《毛泽东选集》(第 1 卷),人民出版社 1991 年版。

桑本谦:《"钓鱼执法"与"后钓鱼时代"的执法困境:网络群体性事件的个案研究》,载《中外法学》2011 年第 1 期。

王启梁:《法律世界观紊乱时代的司法、民意和政治——以李昌奎案为中心》,载《法学家》2012 年第 3 期。

王启梁:《网络时代的民意与法律应有之品性——从"躲猫猫"事件切入》,载《法商研究》2009 年第 4 期。

尤陈俊:《尸体危险的法外生成——以当代中国的藉尸抗争事例为中心的分析》,载《华东政法大学学报》2013 年第 1 期。

# 行政诉讼的经验研究

汪庆华

汪庆华，男，安徽休宁人，中国政法大学法学院教授。北京大学法学学士、硕士、博士，哈佛大学法学硕士。曾任《北大法律评论》主编，耶鲁大学中国法中心访问学者，牛津大学奥利尔学院访问学者。学术兴趣主要在宪法、行政法、公法理论、英美法和法律社会学。在《中外法学》《政法论坛》《比较法研究》等刊物发表学术论文三十余篇，代表性著作为《政治中的司法：中国行政诉讼的法律社会学考察》。另有中文译著3部，译文多种。

我要报告和分享的是一种相对“中观”的研究方法，与“宏观”或“微观”的研究方法有一定的不同。我从 2005 年到现在一直从事田野调查，主要的领域是行政诉讼。

对中国的司法和政治而言，行政诉讼是一个非常重要的切入点。中国是一个有着悠久传统的行政主导的国家，行政力量在整个权力体制中占据着绝对强势的地位，1989 年《行政诉讼法》起草讨论的时候，遭到来自地方乃至中央的行政部门非常激烈的抵制。大家可以关注一下，这部法律颁布的时间是 1989 年 4 月，那段时间可能是新中国历史上整个社会环境最为宽松、思想最为活跃的一个时期。这部法律当时如果没有通过的话，我们到今天可能都不会有《行政诉讼法》。为什么这么说？因为，中国的法律变动是非常频繁的，我们整个的法律修改频度非常高，比方说，《宪法》从 1982 年通过到现在，已经修改过 4 次，有 31 条修正案。大家可以想象一下，像《宪法》都经历了这么剧烈的调整，而《行政诉讼法》在 1989 年制定后，到现在竟然只修订了一次。[①] 在这样一个意义上可以说，《行政诉讼法》其实是一部超前的法律。我在北大念书的时候，和在座的同学们一样，特别好奇这样一部移植色彩浓厚的法律在现实当中究竟会有一个怎样的遭遇？这样一部法律，它在社会实践当中遭到了什么样的改变？人们对它有什么样的剪裁，如何利用这部法律？如何去对抗这部法律？如何和这

① 根据 2014 年 11 月 1 日《全国人民代表大会常务委员会关于修改〈中华人民共和国行政诉讼法〉的决定》予以修订，自 2015 年 5 月 1 日起施行。

部法律发生各种各样的关系？放到宏观法社会学的角度来看，还是要去区分书本中的法律和行动中的法律这样一个问题。

2005年开始，我就去寻找行政诉讼的一些田野，然后联系了一些地方的法院，搜集相关的案件材料，并进行了各种访谈、实地参与观察。在整个过程当中，慢慢地形成关于中国行政诉讼的一些观点，并在理论和自己接触到的经验材料之间来回穿梭的过程中逐步呈现出来。这些观点涉及今天讲的问题，具体而言，是关于司法功能的问题。我们讲到司法功能的时候，一般会认为它有解决纠纷、确立规则、公民参与等功能，在之前中国的法律社会学传统里面，关于解决纠纷功能的讨论可能是最多的，主要原因是中国法律社会学最初的一些参与者致力其中。而在采用法律社会学的方法进行部门法研究的学者中，大多来自民事诉讼法和刑事诉讼法等领域，比如清华大学的王亚新老师、四川大学的左卫民老师以及他们所带领的一大批学生。所以，司法功能中的纠纷解决功能是得到较多的关注和研究的，这方面成果也比较多。

我提交给研习营供大家参考的文献中[①]，有关于之前的纠纷解决研究，包括民事纠纷和刑事纠纷的纠纷解决研究，的文献综述，但是涉及行政诉讼的法律社会学研究，却并没有这样一种系统化的成果。所以，我希望能够通过一个长时段的法律社会学的经验研究，描述出中国行政诉讼的一个概貌。在这个过程当中，可能会发现一些原来没有想到的问题，比如说，行政诉讼和涉诉信访交叉的问题。其实，行政诉讼只是在公民和政府之间产生纠纷之后，各种各样的解决方式中的一种罢了，在目前中国这样的一种行政纠纷解决体系当中，有传统的信访制度，还有《行政复议法》所确立的准司法的纠纷解决方式，以及最正式的司法的解决，就是行政诉讼。大家可以看一看以下材料中关于信访、行政诉讼

---

① 汪庆华：《中国行政诉讼：多中心主义的司法》，载《中外法学》2007年第5期。

和行政复议的一个对比。我没找到 2009 年的信访量统计,但这些都只是一个概数,可以给大家一个趋势性的概念,一个整体性的概念,并不能够完全精确地反映出这三种纠纷解决方案具体的涉案数。但这里可以做一个比较:信访的数量是非常多的,可能 1 年有 1000 万件左右;而行政复议作为准司法渠道,可能有 7 万到 8 万件左右,2009 年是 7.7 万件;行政诉讼全国有统计的数字是 12 万件。在我们整个的现实生活当中,基于行政行为产生的,比如行政处罚,在整个中国 1 年发生的数量可能就有几千万件,行政处罚只是这个行政行为当中的一种类型。由此,大家可以想象一下,真正进入到这些纠纷解决渠道当中的争议数量依然是非常少的。在这三个渠道当中,大家就可以看出:大信访、中诉讼、小复议的局面(2013 年 11 月 6 日上海市信访办主任接受《人民日报》采访时的一个说法)。

我认为,其实行政诉讼连"中诉讼"都算不上,因为行政诉讼数量是非常有限的,然而,它却有着非常重要的功能,它对行政行为合法性进行控制。同时,通过查看案件卷宗的材料,我发现,在现实当中,不仅涉案的数量非常有限,并且,大量的行政诉讼案件是和信访交叉在一起的,存在着很多重复处理的案件。有一些地方涉诉信访的案件占上访案件的 70% 左右。这里有一个材料,这个材料来自于傅郁林老师的一篇文章,她当时从最高人民法院立案庭拿到了这个材料,这些材料是非常难获取的。在法院的工作中,涉诉信访对法院构成了压力,比如在北京,信访和受理的案件比是 1∶0.35,也就是说,信访案件大概是受理案件的 3 倍左右,而有的地方是基本持平的,即受理的信访案件和受理的案件基本是一样多的,所以可以看到法院的中心工作究竟在哪里。我们进一步来看,在法院受理的行政诉讼案件当中,有一些案件是对于信访的诉讼,就是说,上访人在上访过程中可能遭受了一些冤屈,于是,便把这样一些冤屈起诉到法院,这样一来,就会产生很多有意思的问题。比如,在我们的调研当中发现一个非常有意思的现象——信访收容,因为房子被拆迁了,上访人就去上访,而去上访的时候可能还没出所属县的地界,就被拦访了;如果幸运的话,上访人可能到了北京,到了永定门,而到这个地方,上访人可能被黑保安架回老家;被架回老家之后,上访人就被收容了。而这种信访收容的根据,只是地方信访局出具给当地公安局的一个信函,根据此信函,当地公安局可能就对上访人进行人身自由限制。在我的调查中,法院对信访收容的案子都是不受理的。因房子被拆迁,上访人去上访,上访后问题没解决,人身自由还被限制,而上访人进一步去起诉限制其人身自由的信访收容这样一个行为,法院却不理,那上访人怎么办?只好再去上访,这就是老上访户的生成机制。所以,在这个意义上,信访可能在某些方面会成为一种社会冤屈再生产机制。

除了信访收容之外,还有信访处理。当老百姓去政府的信访局,或者政府内设的信访机构上访的时候,信访机构可能给他一个处理的意见,一个书面的回复。这些信访意见可能会涉及计划生育、农民的负担问题等,而现在劳动保障类、宅基地的分配以及拆迁补偿款的分配的案件则特别多。在所有的这些信访处理的案件当中,法院大部分是不予受理的,如果不小心受理之后,也会驳回起诉,所以,大家会发现,这里对于信访本身造成的问题,是没有一个公法上的救济机制存在的。也就是说,因为信访本身造成的冤屈,可能会成为一个法律中的黑洞。这个黑洞会不断地扩大,因为这些缺乏救济机制的人又会重新加入到上访大军中,或者成为上访大军中非常坚定的一分子。关于信访处理,从我搜集到的一些行政诉讼案件当中,发现有这样一种类型的案件,下面有几个具体的案例:

第一个案例是关于山东省一个县的村民,因他的妻子患了"计划生育后遗症",他就参加了集体上访;当吴官正去山东视察的时候，他准备拦车告状，没有成功；后来县委书记到他们村检查工作的时候，他又拿着铁锹拦截车辆，这次他到了公路上，但被及时制止，没有成功。信访局认为他参与集体上访并拦截领导人的车辆，违反了《信访条例》，将他收容教育一个月，学习信访法规，这其实是非常常见的。我前几天读《朱镕基讲话实录》时，里面就有他对拦车告状的一个批示，他说："以后有群众拦车告状的话就把车停下来，我不开车门，但是可以让我身边的工作人员、秘书把状子接下来，每一件我都是要批示的。"从中大家可以发现，上访是从地方到中央都一直存在着的、民众去寻求冤屈救济的一个渠道，虽然有时候也不一定是冤屈，有可能是去反映一些问题，但是上访人一旦进入信访体制后，自己就不能够去左右自己的未来了。

曾有人说过，老上访户 99％都有精神病。这可能讲的是一个现象，有待讨论。但我们需要去问的是：一种什么样的机制让那些可能在性格上比较偏激的人最后成了精神病。接下来要讲的第二个案例就是非常典型的：同样是山东的这个县，在农业税还没有取消的时候，一对夫妇拖欠公粮，公安机关滥用权力对他们进行拘传，这一点可以从整个行政诉讼的卷宗当中直接反映出来；他（她）们被拘传之后，县公安局就制作录像，并在县电视台 24 小时滚动播出这两个人如何抗法抗税，后面他（她）们就精神崩溃了，变成了老上访户，都有精神病。这个案子就是因为上访人在信访过程中被收容，上访人就起诉信访收容行为，从而，使得整个案件被记录在了案卷材料当中。但非常遗憾的是，我们看到，法律对这样的信访造成的二次伤害其实没有什么救济的渠道，可以说是无能为力。

第三个案例是工会领袖的案子。这个案子能够反映当时社会变革的一个层面，或者说是一个切面。我曾用较长时间采访过当事人，并在他家住了好几天。当事人 1970 年就在某国棉厂工作，喜欢独立思考，在“文化大革命”还没有结束的时候，公开发表要认真全面深刻地总结“文化大革命”的严重教训等言论，被判处了强制劳动。“文革”后经过多年上访，最后被平反，平反后回到某国棉厂工作，成为国棉厂子弟学校的老师。他脑子特别活，知道国棉厂很快要改制了，于是自己开了一个网吧，备有各种打印的设备。他经常上网，是某网络的名人。后来国棉厂开始改制，厂方制定的分流方案遭到反对，他就变成下岗分流职工的代表。此后，他组织这些下岗分流职工到省会，到国棉厂所在的地级市市政府总工会去上访多次。最后，在得到总工会同意并马上要进行新工会选举的时候，当事人被公安局抓送了去信访收容。在押送期间，他父亲去世了。当事人在“文化大革命”和现在的两次被抓，使老人的精神受到了很大的打击。因为这个事，信访局也就同意不再收容他。但无论是信访局还是公安局，从来没向他出具过任何法律文书，用他们领导的话来说就是：信访收容具有很大的随意性。这个案子之所以能够立案，是因为抓他的公安局是个异地公安局，他是在他的户籍所在地法院起诉的。案子最后到了中级人民法院。由此，我们也才看到了这些案卷材料。

信访处理和信访收容的诉讼在全国各地经常会发生，这些诉讼涉及的利益冲突、官民关系以及社会背景都有鲜明的时代特征。对信访处理和信访收容的行政诉讼，其实是中国公民和政府之间的争议中最为敏感尖锐和最复杂的一部分，但在这些案件实践中，行政诉讼表现出与信访的一种同构性。这样一种同构性其实是强化了国家行政权力对于社会的一种侵蚀，并让我们看到了当权利受到侵害时的困苦无力。当一个公民走进法院的时候，他对我们的制度充满了信任，没有采取下面要讲的“浮生取义”、自杀式获取正义的办法。

基于这样一些调研材料，我提出一个问题：是不是在中国整个司法体系当中，存在司法信访化的现象？也就是说，在整个的司法和信访这两者的关系问题上，我们会发现以下几个方面的现象：

第一，司法和信访的目标开始重合，尤其是在过去政法政策之下，或者说这样的政策指引之下，我们会发现司法和信访的目标重合这样一种现象愈演愈烈。当时有一个政策："摆平就是水平，搞定就是稳定，没事就是本事。"这是多么机会主义的一种说法！在这样一种观念的引导下，你会发现在三大诉讼领域里面都在强调乃至过度推崇和推动调解，比如在民事诉讼领域搞民事调解，但在行政诉讼领域，由于《行政诉讼法》已经明确说行政案件不适用调解原则，那怎么办？中国人的智慧是无穷的，我们创造了一个新词，叫"行政协调"，但它其实仍然是调解，仍然是通过法官的主持，原告撤诉，被告作出让步，因此和调解是同一回事。在推行"调解优先、调判结合"以后，绝大多数的行政诉讼案件都是在协调之后以撤诉的方式结案的，以判决方式结案的越来越少。此外还有刑事和解，刑事和解现在已经写入了《刑事诉讼法》。某省高级人民法院曾提出了没有一件信访案件的目标。这可能吗？这根本不可能。但是大家会发现，这个时候法院的目的不是实现我们前面讲的那些功能——解决纠纷、实现正义、确立规则，而是要去摆平，要去搞定，要去安抚当事人，只要你不上访，那我采取任何变通的方法、扭曲法律的做法都是可以接受的。在这个意义上，法律的意义究竟在哪里呢？

除了目标的重合外，第二个方面是机构的重叠，就是说在整个的法院内部重新设立了一个机构。原来是在每一个法院里面只有一个立案庭，但现在有立案一庭、立案二庭，立案二庭就是立案信访庭。法院的目标本是要通过个案的解决，来实现社会的正义，而现在我们在法院内部又设立一个机构，来处理对于法院已经判决生效的案件的上访。这说明信访已经嵌入到整个司法体制的内部了。整个司法功能运作，它的程序和信访的区别究竟在哪里呢？我就发现，立案信访庭这个机构一旦成立之后，就会有自己的一种扩张趋势。换言之，当立案信访庭设立之后，它会慢慢改变法院内部的格局。

第三方面是司法和信访功能的交叉。在司法当中引入一些信访的机制，比如，信访听证。这是某省一个基层法院搞的一个创新，有很多上访老户对判决生效的案件总是不服气，于是，法院重新开庭，邀请人大、政协和有关部门的人员来共同听证复查，把一个人接待变成合议庭接待，把上门复查变成公开庭上复查。这是信访嵌入司法的另一个表征。还有信访评估，信访评估是某县推出的一个新的举措，即法院在立案、审判、执行的整个过程当中，无论立案庭的法官、审判庭的法官，还是执行庭的法官，首先要做的事是先去做一个信访的评估，评估一下如果不给当事人立案的话，当事人会不会去上访，如果评估后认为可能会上访，就把案子给立上。同理，在审判案件的时候，把审判结果会不会可能导致当事人上访作为判决的首要考量因素。这样做的目的，是要借助信访评估的机制，做好当事人稳控的工作，避免出现集体访、越级访的现象。而某地除了信访评估这样一个创新外，还专门成立了一个群众工作局，把信访局改了个名，从每个职能部门，比如财政局、建设局、教育局里面都抽一个人到信访工作局来，开门办公，处理信访案件。但这不是变成二政府了吗？原来已经有一个政府在那里，政府没有办法处理的问题，为什么二政府就能够处理？这其实是不可能的，而且还会造成机构之间冲突的问题。在实用主义指引下出现了形形色色的所谓的信访创新，导致司法和信访功能交叉的现象非常明显，包括在目标上重合，在机构上重叠，在功能上交叉。所以，我就概括说，在这样的一种趋势下，我们有一个“司法信访化”的危机存在。这是基于实证调研和对材料的分析提炼出的一个中层概念。

可能大家都会问，为什么有人会去上访？对这有很多解释，我想从最后一个解释开始回答。这其实是一种双重的路径依赖，这样一种纠纷解决机制是一种治理术的运用。不仅是案件当事人或纠纷当事人需要去信访，其实政府也需要信访，信访是中央政府了解地方治理情况的一个免费的信息搜集和采集的渠道。一方面我们要解决信访洪峰的问题，另一方面中央政府表现出非常重视信访的这样一个姿态，包括提高信访局在整个政府序列中的位置，提高信访局局长的级别，现在的国家信访局局长同时兼任国务院的副秘书长。在这方面，可以看到中央政府是抱着一个非常矛盾的心态，一方面觉得信访纠纷表现出中国社会矛盾的尖锐化、普遍化、全面化，另一方面又表现出非常愿意通过这样一种渠道来倾听民意，但又解决不了这个问题。

那么，为什么仍然需要信访呢？我个人的理解是，信访其实是让我们作为当事人处于恳求哀求的一种处境当中。当上访人去上访的时候，上访人和政府的关系不是一种严格意义上的法律关系，不是严格依照法律来处理的关系，在这里，上访人会要求领导格外开恩、法外循情，所以，在中国的每一个机构里面，都会存在着信访制度。有时候在大学里面，见校长不是一件很容易的事，你要去校长办公室，校长办公室的人往往会说："你来上访是吧，你去信访科，做一个登记。"希望和校长沟通，可能是因为在教学当中或学校食堂的管理问题上有一些需要处理的问题。但是不行，你需要通过这样一个信访的机制，校长才有可能接见你。所以，老百姓需要上访，政府可能比我们更需要上访。除此之外，上访里面涉及很多形式主义的法律没有办法解决的问题，包括历史遗留问题。比如，现在拆迁的过程当中，最先接受拆迁款的人，可能会觉得自己亏了，只拿了 100 万，后面签合同的可能拿了 500 万，那怎么办？当然是要求找补。虽然 100 万本来是愿打愿挨、当事人意思自治的结果，但从一个实质公平的角度，可能先接受拆迁款的人会觉得受到了不公平对待，他要去找政府，他要去找补。这样一些问题可能是形式主义的法律没有办法解决的问题。还有很多可能能够解决的却被拒之门外的问题,这个就涉及在行政诉讼当中,我们其实有一个立案的政治学,把很多应该立案,而且能够立案的案件,都排除出去了,这样就导致了上访大军的增加。

最后,我想讲对司法信访化的反思。这里面有两种思路的碰撞,也就是说,对于政府治理来说,一个非常迫切的问题是去维护社会的秩序和稳定,而对于当事人来说,尤其是对当代中国民众来说,当他们接受了为权利而斗争这样一种现代公民的观念的时候,他们的维权意识会急剧高涨。在这样一个背景下,维稳和维权一定会产生激烈的碰撞,当这个碰撞没有办法通过一种制度性的方式加以解决的时候,这些民众的诉求往往就会被塞进信访这样一个"下水道"里面去。在这个过程当中,有一些个体会通过他们个人的方式去寻求社会正义,这是我们传统中的申冤型正义在现代的一种反映。就像尤陈俊专门做过一个对通过尸体抗争的现象的研究,我们说它是一种自杀正义有点太轻,其实是非常悲惨的事情。包括张海超开胸验肺,以证明自己有尘肺病;唐福珍自焚,拆迁当中自焚的案件是非常多的;孙中界断指自证清白,他被钓鱼执法,只好砍断自己的一根手指来证明自己是清白无辜的。这些都是多么惨烈的事情。当然在信访和政府的维稳过程中,很多时候没有到自杀这么惨烈的程度,于是,老百姓只好缠、访、闹,一些地方就开始瞒、拖、骗。然而,这并不是我们所期待的一种社会治理的局面。所以,目前对信访的依赖需要有一种实质性的改变。

我最后的一个结论就是:当信访这样一种特洛伊木马已经植入到司法的机体当中后,我们对司法的预设,所谓中立、消极、自治,就会成为梦幻泡影,信访和行政诉讼这两种本来独立的行政争议解决方式,就朝向了一个机构交叉、功能一体、价值趋同的汇合。对行政诉讼以及作为这一制度基础的现代法治的侵蚀和影响,都是深远的、长久的。

## 互动环节

**(侯猛老师)提问:**刚才讲到信访跟司法之间关系的时候,有两个概念我不是特别清楚。第一个是当事人在纠纷解决的时候,他可以选择去法院,也可以选择去信访,这是第一次出现信访,但后来有一个涉诉信访的概念,涉诉信访是当事人在进行行政诉讼以后的行为。我关心的问题是第一个信访,当事人没选择诉讼,而选择了信访,这和后来的涉诉信访之间到底是一个什么关系?这是第一个问题。第二个问题是对于司法信访化的概念,我有点异议,至少我们知道全国的涉诉信访的总量其实是在下降的,在地方的法院也是如此。你的这个概念很难解释这种变化,它的解释力感觉还有一点点脆弱。

**答:**先回答第二个问题。司法信访化的概念是我在理论上的尝试,试图去捕捉现在中国司法制度特质的一个方面。我觉得它还是能够反映中国司法体制中,最高人民法院、高级人民法院和基层人民法院的一个工作重心是不出现信访。当然,一方面是要解决已经产生的这些涉诉信访的案件,另一方面则是防范信访的出现成为法官工作中非常重要的一个方面。后者已经成为了法官的潜意识,在我最近这些年与法官访谈的过程中,我觉得他们变得非常谨小慎微。他们觉得工作越来越难做,其中一个原因就是因为他对案件进行处理之后,如果有当事人上访,将会直接影响他的晋职、提升甚至年终奖、奖金等福利。所以,我认为这个问题还是能够反映当前中国司法制度的一个切面的。至于你说到涉诉信访数量是增加还是减少,这个得看决策者想要什么,尤其对于信访案件,根本不可能有精确的统计数字,没有人在做这个,也没办法做。上访者可以写一封信,复印 1 万份,然后给所有相关的部门,或一封信印 10 次,每个月没事就去邮局。这种情况是普遍存在的,我们很难在这方面有一个精确的数字去反映究竟是增还是减。至少我们知道,整个信访数量包括涉诉信访总数都是处于高位的。但现在有一个新的变化,就是新一届政法委对信访问题,好像已经不像上一届政法委那么强调了,他们在试图分流。我觉得这是一个正确的方向,要把案件从开始就进行分流,有的案件即使信访,也不再处理。

对第一个问题,直接去行政部门信访不算涉诉信访。涉诉信访是司法机关已经处理过,在中国可以是说政法机关已经处理过的,比如,公安局对邻里的争斗案件进行处理,如果你不服,你去信访,这可能会被看成是涉诉涉法信访,因为公安属于政法机关。涉诉信访确实在整个信访量中占了很大的一个比例。我研究的是行政诉讼,而并非信访,只是研究所需,才把这两者之间联系到一块了。

**学生提问:**接着侯猛老师的问题,我也不太明白您这个研究的起点,因为涉诉信访这个概念的提出应该是和非涉诉的信访相对的。就我的理解,涉诉信访应该是进入到诉讼的渠道后,在穷尽了司法救济之后,转而向行政机关寻求解决的一些案件。但我们看到,最高人民法院和省高级人民法院把所有申请再审的案件都叫信访案件。这样就回到了您今天报告的起点,涉诉信访到底是一些什么样的案件?这是第一个问题。

第二个问题,对您今天报告的分析路径,我有一点疑惑。您今天的分析路径从司法的功能出发,然后来探讨司法对社会实践控制的两种模式,一种是涉诉信访,另外一种是行政诉讼。在您的分析路径当中,您的出发点是司法的功能有三个,第一个就是纠纷解决。我关注了各级法院官方的话语,在法院系统内部,他们从来都说自己做的工作是在解决纠纷,化解社会矛盾,那么可不可以这样理解,“纠纷的解决”只是司法的功能在理论上的话语,而社会矛盾的化解才是法院正在进行的实践,您怎么理解这个问题?

另外,再问您一个关于行政和解的正当性问题。《行政诉讼法》明确规定行政诉讼不适用于调解,于是,在司法实践中出现了行政和解,最高人民法院在司法解释里也对其进行了确认。然而,最大的问题是,司法解释和《行政诉讼法》之间有矛盾,行政和解正当性的困惑在于,《行政诉讼法》说行政诉讼不能调解,其精神是说这种公权力是不能够勾兑的,而现在要把它和解,行政和解和行政调解有区别吗?如果没有区别,那么行政和解的正当性如何解决?

**答:**你问的三个问题,我从最后一个开始回答。行政调解正当性的问题,其实反映出中国在制定司法政策时候的一刀切、一风吹。在1989年制定《行政诉讼法》的时候为什么确立这个原则,是因为当时我们认定了行政行为具有先定力,行政行为是不能够进行调解的,我们要推定它是合法的。其实,我们对行政行为要进行具体的分析,行政行为有不同的类型,如行政裁决、行政合同、行政指导,尤其行政合同和行政裁决的这个行为,如果当事人双方都已经同意协商解决,那关国家什么事,在这种案件中没有必要也不准许进行行政调解。但当时的情况是,所有的行政案件都不能调解。现在,因为要建设和谐社会,而行政纠纷又太多,所以,不管什么案件,都可以行政和解。我认为,这个问题本质上反映出来的是在制定司法政策的时候,仍然没有对纠纷的类型进行科学的分析,然后再制定一个与之相匹配的政策。所以,无论是一刀切的准许还是一风吹的不准调解,都不是科学的态度。

第二个问题是理论和实践的问题,这恰恰是法律社会学大有可为的地方,中国的实践总是超越规范法学能够解释的范畴,这个时候,是用一套形式主义的理论去剪裁中国法律的实际,还是从中国法律的实际中抽取出一套具有普遍意义的概念、理论和方法？这是法律社会学工作者一直面临的一个问题。即使是选取一种法律社会学的进路，仍然面临一般性的理论思考还是政策性研究的选择。这是两套话语，你讲的是法律政策的话语，如果我是最高人民法院政策研究室的工作人员，我可能偏向于那样一套话语，但是我作为法学研究工作者，我肯定要把整个素材放在一套法学理论的脉络中，放在法学的传统中，放在理论的缘由之上，看在理论的脉络之中中国经验能够为整个的理论法学做出什么样的贡献。

第一个问题，其实是一个定义的问题，现在也没有一个权威的、大家能够接受的定义，一般我们可以把它理解成已经经过法院终审审理，或经过政法机关处理，但当事人对处理的结果不服，仍然去上访，进入到信访渠道的案件，我想可以把它称为涉诉信访案件。这里面又有一个宽和窄的问题，比如说，是法院终审判决后的信访，还是涉及法院和检察院已经处理过的案件的信访，还是把公安机关已经处理的案件也包括进去，这都是可以讨论的，可以进一步研究的问题。

## 延伸阅读文献

### • 著作

汪庆华:《政治中的司法:中国行政诉讼的法律社会学考察》,清华大学出版社 2011 年版。

王波:《执法过程的性质:法律在一个城市工商所的现实运作》,法律出版社 2011 年版。

### • 论文

何海波:《司法判决中的正当程序原则》,载《法学研究》2009 年第 1 期。

贺欣:《作为政治控制机制之一的行政法》,载《法哲学与法社会学论丛》2005 年卷(总第 8 期),北京大学出版社 2005 年版。

章剑生:《对违反法定程序的司法审查:以最高人民法院公布的典型案件(1985-2008)为例》,载《法学研究》2009 年第 2 期。

# 法院经验研究的回顾与体会

侯　猛

侯猛，男，北京大学法学院副教授，《法律和社会科学》CCSSCI集刊创刊编辑。中南政法学院法学学士(1998年)、硕士(2001年)，北京大学法学博士(2004年)，历任中国社会科学杂志社编辑(2004—2006年)、北京大学社会学系博士后研究人员(2005—2007年)、对外经济贸易大学法学院副教授(2007—2013年)、纽约大学亚美法研究所访问学者(2012—2013年)、最高人民法院法律研修学者(2015—2016年)。研究兴趣涉及法律社会学、法学教育、司法制度，在法学期刊发表论文若干，著有《中国最高人民法院研究》，合编有《法律与人类学：中国读本》《司法、政治与社会：中国大陆的经验研究》。

## 一、题 外 话

20 世纪 80 年代初，费孝通先生为恢复重建社会学学科，延揽国内外师资，在南开大学举办了社会学专业班。目前社会学界很多知名学者，均出自该班。今天在王启梁教授的努力之下，我们这些老师一起合作举办了第一届“社科法学”研习营。举办研习营的目的，就是激发诸位的研究兴趣，大概十多年以后，在座诸位中应该能够出现学术研究中的佼佼者。

作为晚近十年来社科法学研究的亲历者，我还是要多说两句。2004 年，我博士毕业以后，去中国社会科学杂志社做编辑，得到前辈的指点帮助。后来在苏力老师的提议下，《中国社会科学》编辑部和北大法学院合办了“法律和社会科学”的第一次会议。2005 年，我去北大社会学系做博士后，又与朱晓阳牵头，在 2006 年举办了“法学与人类学对话”即“法律和社会科学”的第二次会议。我也是在那时才开始和王启梁、尤陈俊、陈柏峰、汪庆华认识。他们那时才刚刚出道，甚至还未完全出道。

经过这么多年，社科法学研究慢慢形成了气候。有实力的研究者越来越多，而且还都成为学术上的朋友，或朋友的朋友。这很难得，因而也就逐渐形成了一个初具规模的学术共同体。这个学术共同体，有自己的学术刊物——《法律和社会科学》，自己的“法律和社会科学”学术年会，现在又有了社科法学研习营。可以说，社科法学研究已经常态化和制度化了。这是好事，这样才能吸引更好的学生加入。

## 二、已有研究的回顾

过去十年我主要做法院研究，所以今天先和大家分享一下如何做法院的经验研究。这既是对已有司法制度研究领域的简单回顾，也是对自己研究的反思。还请大家批评指正。

我做法院研究，当然是受到前人的影响。我的主业是法律社会学，而且现在司法研究倒是成为了法律社会学的重点领域。为什么会出现这种现象？这要从当代中国的法律社会学发展历程来谈。20 世纪 80 年代的法律社会学研究，主要侧重于理论建构。真正开始做经验研究，还是从 20 世纪 90 年代初期开始，当时包括夏勇、苏力、贺卫方、高鸿钧、张志铭、郑永流等前辈，都在尝试做一些经验研究。但是到了 90 年代后期，这批学者多数都不做了。这或许与他们的兴趣发生转移有关系。而仍然在坚持做的那一辈学者中，典型的就是苏力老师。苏力老师的研究集中于基层司法，在他的影响下，强世功、赵晓力等人也参与研究之中。但他们两位后来也转向了。当时年轻一辈坚持做到今天的，可能就只有贺欣了。我比贺欣晚几级，算是赶上了末班车。

可以说，在 20 世纪 90 年代后期到 21 世纪初期，中国法学的学术让人感觉到是有一个小爆发的，而且主要集中于司法制度研究。那个时候，我还在读硕士，苏力老师的《送法下乡》这本书刚出版[①]，而且引发比较大的学术讨论。我觉得有兴趣，虽然当时并没有研究基础，但还是下定决心考到北大去。所以，我现在做法院研究，还是受到那个时候的影响的。不过，我还是想拓展司法研究领域，不想接着去做基层司法。这并不是说基层司法没什么好做的了。实际上贺欣、汪庆华还在做，而且是更细致深刻。

---

① 苏力：《送法下乡——中国基层司法制度研究》，中国政法大学出版社 2000 年版。

我是因为感觉自己可能做不到细致深刻，所以才换新领域。比如，博士阶段去做政法委的研究，而且现在还在做，后来的博士论文则是研究最高人民法院。

不过，有人还是会批评，为什么搞法律社会学研究的都专注于司法研究呢？我觉得应该这样看，首先司法研究已经不再集中于基层司法研究了。研究已经大大拓展，例如，贺欣研究司法财政、审判委员会、婚姻案件等，而艾佳慧则研究法院管理，汪庆华研究行政诉讼，唐应茂研究法院执行，黄韬研究金融司法。实际上，还有很多问题没有研究。在这个意义上来讲，还需要有更多的人加入司法研究中来。另一方面，法律社会学也要拓展，从司法拓展到执法和立法。现在张永和与陈柏峰都开始研究执法了例如，信访、城管。不过，法律社会学研究不论是做司法、执法或立法，都需要与部门法研究联系在一起。这是过去研究的不足，我们自己也在反省改进。要想研究深刻并且有说服力，必须结合部门法研究。

## 三、如何发现和拓展自己的研究

我先说说自己怎么转向法律社会学的吧。我读硕士的时候，阅读范围还局限于传统法理学，即比较关注概念、原则、大词。前沿理论接触得还是比较少。博士阶段到了北大以后，每周参加苏力老师的读书会，通过读书交流讨论，感觉自己原有的知识体系崩溃了。后来，也逐渐开始对已有的权威学说产生怀疑，对意识形态和政治正确保持警惕，而且对经验研究的兴趣越来越浓厚。所以，就去找经验研究的书读，包括去旁听北大社会学系的课程，后来也就转向做经验的法律社会学研究。

但我开始做法院研究特别是最高人民法院研究，是在博士二年级的时候。那时候，我还在琢磨博士论文开题的事情，只觉得自己会写法律社会学方面的，但不知具体写什么才好。直到有一天，具体日期我不记得了，但地点还记得很清楚。那就是我在北大28楼门口的报亭，看到一份报纸，名叫《财经时报》（现在好像改名了）。当期这份报纸的头版头条就是最高人民法院一份判决影响全国银行信贷资产2700亿。标题十分醒目，也吸引了我。我当时就觉得有意思，觉得挑战了我对最高人民法院判决认识的常识。因为中国法院不似英美法系那样实行遵循先例原则。在英美法系，上诉法院的判决，往往以后需要被援引。但中国法院的判决从来只是约束当事人，并没有普遍的法律适用效力。即使是最高人民法院的判决也不例外。但这次，最高人民法院的判决怎么会影响这么大，竟然影响整个银行业信贷资产2700亿呢？

所以，我就去研究这个判决，即“中福实业担保案”。通过研究这个个案，我发现最高人民法院的政策，不仅是判决，更多的是司法解释，有时对社会经济生活的影响是很大的。这样，我就把问题一般化了，就去研究最高人民法院对市场的影响，并提炼出一个概念即“法院规制”。这样博士论文的题目最后就定为《中国最高法院规制经济的功能》。

当然，有人会批评，你写这个题目格局有些小。像写中国法治、中国法学向何处去、司法改革这样的题目，才有气势。我觉得作为年轻一辈，还是从具体问题着手比较好，这样才比较好驾驭。那些大的题目或者是大学者可以来写，或者是作为政策制定的领导讲话出现。当然，我也注意到上一代的法律社会学者写的题目比较大，这是特定时代的产物，那个时候法律社会学刚刚起步，所以在各个领域都是处于尚待开发的阶段。因此，当时有些题目写的大一些，有其客观原因，但不能作为评判现在学术高低的标准。我认为，如果你选择做经验研究的话，题目一定是非常具体的。待有足够的经验积累以后，或才有可能写比较大气的有水平的东西出来。

实际上，我在写作博士论文时，觉得这个题目涉及的内容是很多的，驾驭起来仍比较困难。我在想，除了写一篇个案研究之外，其他写什么呢？后来与老师多次讨论以后，逐渐形成了后来的研究框架，即分别写个案、法院规制历史、法院规制与行政规制的区别、法院规制中的上下级关系，以及法院有效规制的知识来源等问题。因为受到老师的提醒，我在写作过程中，也比较注意各章之间的关系。即基于博士论文体系的完整性，各章之间要有一定的逻辑关系，但更重要的是，各章应保持相对的独立性。各章保持相对独立性的好处是什么呢？首先，能够避免博士论文的结构看起来像一本教科书。很多博士论文不是从问题开始写起，而是写定义、性质、分类。这是非常失败的。其次，便于将来再修改，分别发表。对于想将来从事学术研究的同学来说，这样写博士论文是非常重要的。因为博士论文代表了你的学术水平，拆开分别发表后，能够让更多的人读到你的文章，评价你的文章。这样就能够让你在学术界初步打开局面。

我自己就是这样实践的。所以，在博士毕业以后，我就着手修改博士论文各章，然后分别发表出来。而且，我是尽量将各章发表在法学重要刊物上，比如，《法学》《法商研究》《政法论坛》《中外法学》《北大法律评论》。这样，就慢慢引起了越来越多人的注意。后来，在发完博士论文大部分章节以后，我仍继续写最高人民法院的相关文章，例如写了两篇大法官的文章，分别发表在《法律科学》和《法学》上。2008 年，申报国家社会科学基金时，我又选择研究最高人民法院判决，因而也写了相关文章，其中一篇发表在《北京大学学报》上。再后来接触涉诉信访问题，我又去研究最高人民法院的信访问题，已经写了三篇文章，其中一篇是研究最高人民法院访民的心态，发表在《中外法学》上。所以，十年累积下来，我发表与最高人民法院相关的文章有十多篇。现在大家一提到我，就会说侯猛是做最高人民法院研究的。我觉得在学术界，你要想让人记住，当然，更重要的是要能够做出东西出来，就必须得持续深入地研究某一个领域。不能今天写这个题目，明天另起炉灶写另外一个，那样做短期内可能是为了完成某个任务或项目，但长期来看，在学术上实际上是没有收获的。当年老师告诫我说，你做的东西，应该是后来研究者不可绕过的才行。我觉得这句话也同样适合你们。

归纳来说，我们做研究，还是先要从一个点开始做起。先从不同角度研究这个点，然后从这个点逐渐拓展出去。等你做到一定程度，就会发现，你今天做的这个研究往往还是会与过去的研究、过去的思考联系起来。所以，作为初学者还是需要积累，需要耐心，要从小处入手，要在细致处发现自己的快乐。

## 四、研究方法的不断尝试

虽然我号称是做法律社会学的经验研究，但我当时写博士论文时，并没有去过最高人民法院，更不用说去最高人民法院做调查研究了。这可能会被批评。不过，事实上，博士论文写作出来之后，正面的评价是很多的。那么，我是如何解决没有进入最高人民法院，但却去研究最高人民法院的问题呢？

首先还是要培养问题的敏感力。例如，我发现中福实业担保案的影响力，就是发现了一个好问题。但这需要知识的积累才会有感觉。其次是历史文献研究法。当时我就去找各种资料。至少在研究最高人民法院的历史时，可以不用进最高人民法院，而是去北大图书馆或是国家图书馆，那里的资料很多。这帮助我完成了关于最高人民法院规制历史部分的写作。最后，还是要去做相关调查和访谈。因为研究的是最高人民法院对社会经济生活的影响，所以我就去了解受众，想办法去了解受到最高人民法院政策影响的企业、当事人以及下级法院。所以，我为了了解中福实业担保案，我就找到在中国建设银行工作的同学，他正好手头上有涉及 2700 亿元的银行写给最高人民法院的函件，就复印了一份给我。后来,我又去找处理银行不良贷款公司的朋友,他又和我谈了不少有用的东西,并提供给我一些资料。因为我还有同学在地方各级法院工作,所以也向他们了解最高人民法院政策对他们的影响。所以,尽管我没有去过最高人民法院,但我去调查访谈那些受到最高人民法院影响的机构和人群,这样博士论文还是写出来了。因为我关注的只是政策对社会的影响,而不是去研究政策是如何制定出来的,所以,我觉得这种角度的研究,在你很难进入的情况下,完全是可以做得出来的。

另外,在整理博士论文思路时,虽然自己的研究方向是法律社会学,但写的题目却是法院规制。因此,也在考虑是否可以运用法律经济学的知识方法来分析。所以,就开始自学科斯的几篇文章,例如《企业的性质》和《社会成本问题》。不过当时也是研究不深,只是初步掌握了交易成本的概念,然后延展出来去分析法院制定政策的成本。而在分析法官的知识来源时,则是运用了西蒙的"有限理性"概念。所以,从那个时候起,我发现,即使是做法律社会学研究,运用法律经济学的一些知识方法也是不冲突的。后来,我在对外经济贸易大学法学院任教时,还专门开设了"法律经济学"课程。

2005—2007年,因为做博士后的缘故,我开始接触人类学。进站的时候,我记得高丙中老师——他当时是北大人类学专业的负责人——和我谈到,法学是个大学科,但对人类学的引介和应用是比较少的,所以他希望我进来后,能够将人类学的知识方法引入到法学中去。进站以后,我主要是跟着朱晓阳老师合作,他是做法律人类学的。2006年的暑假,朱晓阳带着我和他的学生去了云南做林权的田野调查。这对我来说,是一次感受强烈的实践。过去我也做过调查,但因为自己是法学出身,所以感觉很难到位。但那一次是和做人类学的老师一起去,学到了不少东西,包括学习怎样进入,以及怎样去发现新问题。所以,对人类学这一套东西有所了解以后,我就开始在法院研究中加以尝试做田野。这主要体现在涉诉信访的研究中。从 2009 年 1 月开始，我就经常去最高人民法院的信访办公室那边转转，不过很少进去，因为主要是做访民的访谈。当然，很少进去也是有客观原因的，因为我没有申诉材料，门口的保安不让我进去。我只是偶尔溜进去过两次，更多的是站在门口与各类访民交谈。这也倒好，我不是去做规范制度层面的研究，而是去研究他者，理解他者，了解他们为什么和我们不一样，从他们来反观现代法治的潜在问题。一直到现在，我去了很多次，每次都有新的发现和体会。这在人类学上称为“回访”(revisit)。因为我知道要对涉诉信访有深入研究的话，长时期的观察是必不可少的。所以，我现在还在做这方面的研究，比如经验地分析信访和再审之间的关系。

不过，总的来说，我的经验研究还是以定性研究方法为主。当然，自己也做过相关研究，从数据分析中发现问题，但这仍属于定性研究。所以，这里我还想讲讲经验研究和实证研究、定性方法和定量方法的一些问题。

很多时候，大家会把经验研究和实证研究混同使用。但严格来讲，实证研究是科学主义的，比如假设验证，你要保持中立，要主客两分，要严格地确定样本的代表性。由于我们在座的同学们特别是法科同学，多数没有受到科学训练，大部分不太可能做实证传统的研究，而是做定性研究，因为实证的趋势是做定量。但我还是强烈建议大家也应该去学习定量的东西。

就目前来看，我感觉我的偏好慢慢地有点阐释的味道了。这实际上是从格尔茨那条路过来的，就是坚持主客不分，我们就到那个地方，我们参与观察，我们理解它，我们也会通过它理解我自己，我也不会把它作为一个客观的研究对象。有的同学可能会讲，你看到东西，你把它写出来，但这写出来的不一定是真相。我觉得这个不重要，因为我们是写文化，这个写本身要包含我们作为研究者本身的理解，是研究者与被研究者之相互交流的过程，最后呈现出来的东西，比如一项民俗，不一定就是真实的，因为不是拍纪录片,而是要进行重新的书写。所以,我觉得我们这个经验研究可能需要做的一部分工作,就是往阐释的那个方向去做,就是格尔茨的传统。当然,布洛维在他的《公共社会学》书里面,提到拓展个案研究法(extended case study),朱晓阳也专门利用延伸个案去做他的小村研究。布洛维提出一个折中的办法,他说,因为实证研究完全是中立的,原先是把这个对象客观化,还要求这个样本的代表性,而阐释的这个传统又强调主客不分,你很难看出哪个是你获得的真实信息,所以他就提出了"反思性科学"。所谓"反思性科学",其实就是对于阐释研究的问题进行修正。因为阐释研究可能会受到外界的影响,所以他把阐释传统中的研究不足加以修正,这样的话才可以与实证研究相抗衡。

归纳来说,学术研究中,存在两个不同的传统,一种是阐释的传统,一种是实证的传统。但不管怎么讲,一个好的研究,不管是阐释的研究,还是实证的研究,这两种研究其实都是要去解释一个事件、一个问题的因果关系。所以,对于我们做法律的经验研究的同学而言,我们关注的不仅仅是文本,还要考察文本背后的因果关系。一个好的研究是真正能够把这个因果关系呈现出来的研究,在这个意义上来讲,怎么样去呈现这种因果关系,传统的法律社会学研究是很难做到的。所以,我们需要将法律社会学拓展到法律和社会科学,或称社科法学。这是用社会科学的方法或者是说用跨学科方法来研究法律问题。这就需要把人类学、经济学、认知科学的研究传统都加以运用,定性与定量相结合,用这样的多学科的方法来解释因果关系,才是将来法学研究的走向。

对于这个大时代而言,我们都是小人物,能够做的事情非常有限。但大家只要秉持着相同的学术兴趣和爱好,一起努力,定能够做成一份大事业出来。这就像在人类学里面经常提到的民族志方法。我们每个人都去做民族志,虽然一个人只能做一个民族志,但是不同的人在不同的地方去做不同的民族志,累积起来,就可以在整体上呈现出中国的经验研究。我认为这是可以做到的。通过越来越多的学人去做民族志，把中国的经验呈现出来，就能够做成“中国”的社会科学，而不是“在中国”的（西方）社会科学。

## 互动环节

**学生提问**：您对拓展个案法是怎样看的？

**答**：拓展个案法主要是人类学方法，但刚才讲到我接受的是法学训练，在调查或研究中总会有规范化的取向。因此，我的研究里面会有这两种方法所产生的张力。规范和拓展个案所强调的是不太一样的。比如，朱晓阳老师的研究就是强调前因后果，把这个社会过程拉长。也就是说，考察一个个案，要把时间和空间拉长。我在做研究的时候也会考虑到这一点，会把个案拉长，但是真正要做出一个非常漂亮的个案，是很难的，由于学科背景的影响，我最后总想把个案上升到一个规范的层面，这正是人类学所批判的东西，因为人类学还是强调理论是从个案延展出来的。我有时跳得太厉害，比如，从涉诉信访一下就跳到对整个信访制度的改革，这个跳跃太大了，因为理论的提炼是从延伸个案里面抽象出来的。但是，我可以提出一个问题，因为我一直在读朱晓阳和布洛维的书，发现朱晓阳所讨论的似乎不如布洛维的全面，朱晓阳讲的是延伸个案，布洛维的拓展个案法是讲四个维度，而朱晓阳只讲了两个维度，但我没有当面和他交流，或许因为他进行的是专门的方法论的讨论，所以更庞大。

**学生提问**：你如何评价我们所做的对一个很小的单位的剖析，像解剖麻雀的这种模式，你是怎么看的？

**答**：个案研究本身会受到很多的批评，这涉及个案的代表性问题，以及研究者的理论提升能力。做个案研究的人本身就是反对宏大理论（grand theory）的，当你在假想这个有没有普遍的适用意义的时候,我会说,这些大理论难道说就是具有普遍适用意义的吗?是放之四海而皆准的吗?人类学意义上的个案向来都是反对大理论的,但是它不会反对理论。这就是说,我们每一步的理论提升都是通过个案的提炼,是在个案基础上来做理论的,可能我们最多能做到中层理论。当然还有一个办法,就是费孝通先生提出的"社区比较法",就是针对所选择的不同的点,提炼出某一种领域的模式,这就是用来缓解对个案代表性的质疑的。所以,这两种办法都可以,因为这本身就是两种不同的取向,一个定量,一个定性,因为大家道不同,你批评我说没有代表性,我懒得跟你说,因为我们追求的不是这个东西,我们追求的是基于经验基础上的理论。大理论可能很多是通过思辨产生的,经验的东西我觉得主要还是产生这种小理论,当然无数经验的积累可以提升理论的抽象程度。

## 讨　论

**张永和:**我们做了一个人权报告,这个报告做得很大,做了两年,通过大量的问卷调查,最终抽取了 1.5 万多个样本,被新华社认为是这方面研究中第一次这么大的调研,通过这个调研我发现了"眼球经济"。因为,这个问题的吸引度显然比原来我做的、我自己感觉还可以的、比如涉诉信访的关注度高得多。但是,从投入产出看,我觉得很亏。有人问我有没有花掉 1000 万,虽然没有花到,但是这让我感觉到,我们以后是不是有可能准备点儿大题目。所以,我想向你请教一下,你觉得我们这种类型的很大的调研该何去何从?

**侯猛:**我的理解是,第一,你用大词的时候,大词的确是有市场的,比如讲正义、平等、自由,这些问题是有市场的。而个案则是很 local 的,很地方性的一个东西,所以关注的人必定不会那么多。但是,这并不意味着做这样一个大样本的调查是没有用的,只要能保证数据的精确度、代表性,这种大的调查也是有解释力的。但如果是做定性研究,就可能会看到定量研究中存在的问题,比如,忽略了个体背后的社会过程,只是抽象地给出答案,而怎么去理解权利,还需要通过个案去描述。总是,我觉得两者是并行不悖的,都是可以的。但有一点,尽管是做这种大规模的调查,我认为也不一定要从中抽取出一个宏大的理论,而是通过这种大样本的调查所产生的结果,可以给政策制定者提供很重要的参考。换句话说,真正做出决定的实际上是决策者,你调研本身是不会产生那种宏大的东西,宏大的理论的。

**张永和**:但是,这个人权报告的评价,已经给政策的制定提供了一种支持了。

**侯猛**:对,因为这个数据量比较大,所以说,政策制定者可以根据这个数据做出一个具有普遍适用意义的政策决定。但这是政策制定者做出来的,不是研究本身产生的,再大的数据本身也并不一定与政策制定者间发生联系,因为依据这些数据也可能会做出错误的决策,而且决策的对错要过几年才能看出来。所以,我觉得决策者和研究者是不一样的。这个调研数量比较大,可信度比较高,仍然是可以去做的。好的研究不在于是定量的还是定性的,但一定是能有效解释因果关系的,而且,还要依据自己的知识专长来选择方法。比如说,冉井富的研究偏定量一些,这是他的偏好。但这不是我的长项,我可能因为跟着人类学的老师多待了几年,再加上从小数学就不好,可能就会有这样一个知识偏好。我觉得我们人多,一些人做定量,一些人做定性,这样分工很好,可以呈现出整个社科法学的研究面。

**陈柏峰**:我觉得这个问题是说,个案可以是普适的,可以是普遍的。比如说拓展个案,最终都解释的是在质上面的普遍性,而不是量上面的普遍性。再比如说,我们做研究是要探寻因果关系，但实践中大部分是这样的情况：有可能是因果关系，有可能是共生的关系，有可能是别的关系，那么，如果你从一个个案里面，探讨出了事物背后的两个因素的某种关系，比如因果关系，这就是一个普适性的东西。相比之下，做定量的调研，收集很多的数据，也未必比一个个案更有意义。这种情况是完全存在的。所以，不是看你的块头有多大，而是要看你这个东西本身在质上面有多高，这才是我们应该做的研究，否则的话，就很难去谈从一个具体的研究怎么上升到一个一般的东西上面去。

**侯猛**：我再补充一点，首先个案一定要有解释力，怎么样才能有解释力，这可能才是最重要的，而不是说从一个个案上升到一个一般理论，这个其实不是我们所追求的。

**冉井富**：我插一句，个案研究与定量研究相比，其实是各有所长，因为个案研究是在掌握了很丰富的材料，而且还有观察体会等的基础上完成的，这种方法对问题解释的有效性是非常高的。但是，个案在拓展的可靠性上会比较差。而定量研究所掌握的具体信息是比较少的，但数量大，所以，解释的有效性是比较差的，很难深入解释，但是，定量研究中，从结论到研究对象的过渡是不需要的，过渡就体现在抽样的概率上，所以这种研究在可靠性上要强一些。这是它们各自的优劣。

因为你的研究是有目的的，对研究效果也是有要求的，很多影响因素都在同时发生作用，如果你想深入地了解，有效地解决这个问题，选择个案研究会比较合适。但如果你想要你的结论特别可靠，觉得拓展不可靠，那么，定量研究就会好些。当然，除了研究目的影响以外，个人的知识结构和偏好也会对研究产生影响。偏好是一个很难解释的东西，有的人确实就喜欢这个东西，偏好就是气质决定的，没有其他因素。

**侯猛**：在做个案研究时，如果这个个案特别有解释力的话，那你同样可以解释其他的个案，所以，你在一个个案上的解释力很强的话，你就可以有一定程度的理论抽象，而这个过程就是你的想象力，你的思辨能力，这些是不可以量化的东西。

**冉井富**：在选择定量研究方法的时候，是假定事物之间的个案是有差异的，有差异就要抽样，如果没有差异就不需要抽样，随意抓一个就行了。如果假定一棵树上的苹果的味道都是相同的，那是不需要抽样的。所以说，定量研究的一个前提就是：你对这个事物是怎么判断的，如果有差异的话，那么，从个案到全景，这种过渡就会很困难。

**侯猛**：但是，个案研究也会有差异，如果你在这个个案上能解释，能解释其他个案，说明你的解释是有力的，所以所谓的过渡是可以完成的。

**冉井富**：这个个案的解释能够解释其他个案，不是说明你的解释很有力，因为，你的解释很有力只能限于对这个个案。判断你的解释是不是对其他个案很有效，取决于你的这个个案和其他个案之间的关系。

**侯猛**：对原先的个案解释如果是有力度的话，就可以有一定的普世性，但如果你只能解释这个个案，那么，你这个个案研究是失败的。

**陈柏峰**：如果你把一个偶然因素当做必然因素，你是没办法解释别的。

**学生提问**：最高人民法院发布了很多指导性的案例，我们应该从哪方面着手来解释这些案例的指导性，比如，我们考察基层法院对这些案例的接受度，以及对按照此类案例所进行的判决的接受度，我觉得这个问题是比较难做到的，老师有什么好的意见？

**答**：这个很难做。因为现在研究指导性案例的，基本上是做规范法学的学人。这个属于传统的研究，也是 case study，属于法律上的案例研究。但要想做这种拓展个案研究的话，这个基本上很难,因为想把指导性案例的当事人、背后的东西、情境性的东西、社会情境、社会过程都弄清楚的话,你需要到具体的地方去,否则是无法完成的。而且指导性的案例对下级法院的影响也很难测定,因为下级法院不能给你援引,所以你就很难考察法院决策到底有没有依照这些指导性的案例。

## 延伸阅读文献

### • 著作

〔美〕理查德·波斯纳:《波斯纳法官司法反思录》,苏力译,北京大学出版社 2014 年版。

侯猛:《中国最高人民法院研究》,法律出版社 2007 年版。

林端、侯猛、尤陈俊主编:《司法、政治与社会:中国大陆的经验研究》,台湾翰芦图书出版有限公司 2012 年版。

### • 论文

〔美〕麦克·布洛维:《拓展个案法》,载〔美〕麦克·布洛维:《公共社会学》,沈原等译,社会科学文献出版社 2007 年版。

Ronald H. Coase, The Problem of Social Cost, *The Journal of Law and Economics*, Vol. 3, No. 1, October 1960.

谢宇:《社会科学研究的三个基本原理》,载谢宇:《社会学方法与定量研究》,社会科学文献出版社 2006 年版。

侯猛:《案件请示制度合理的一面:从最高人民法院角度的思考》,载《法学》2010 年第 8 期。

侯猛:《最高法院访民的心态与表达》,载《中外法学》2011 年第 3 期。

# 一个真实的马锡五审判方式

张永和

张永和，男，西南政法大学教授、博士生导师，法社会学与法人类学研究中心主任，人权教育与研究中心执行主任。主要从事法社会学与法人类学研究，近期主要研究中国人权的实证问题。出版有《信仰与权威：诅咒（赌咒）、发誓与法律之比较研究》（专著）、《权利的由来：人类迁徙自由的研究报告》（专著）、《常县涉诉信访：中国基层法院涉诉信访研究报告》（合著）、《临潼信访：中国基层信访问题研究报告》（合著）、《大邑调解：透过法社会学与法人类学的观察》（合著）、《武侯陪审：透过法社会学与法人类学的观察》（合著）等著作，主编有《中国人权评论》《社会中的法理》。代表性论文有《法律不能信仰的理由》《灋义探源》《“扩展秩序”下的中国法治进程》等。

非常高兴能够在这个地方和全国这么多优秀的学者和学生一起讨论问题。今天我本来要讲的话题是说法院如何使自己陷入一种困境而无法自拔，而汪庆华教授讲的是政府如何使自己陷入一种困境而无法自拔。我觉得这两个话题有些同质化。鉴于此，我只好重新拟题。

近年来，有关整个中国一系列司法的思维模式，实际上都似乎试图寻找一种司法遗产。而这个司法的遗产可能更多地来自于所谓的“马锡五审判方式”。或许，大家对马锡五审判方式的概念都有所了解。前些年，某省高级人民法院院长在大量提及“马锡五审判方式”的同时，还在该省推行了不按法理出牌的司法模式（笑声），该院长的做法基本上属于法盲的党务工作者推行的政治运动模式，这对司法极其有害。对于该院长的所谓司法改革我不再做更多的评述，今天我想做的是通过我自己的阅读，还原马锡五审判方式，使大家对这个问题有个清晰的认识。

马锡五同志英年早逝，才60岁多一点就过世了。他实际上只有小学的文化程度，在国民党军阀部队中当过排长。他1935年加入中国共产党，其间，1934年到1936年担任过供给部长、苏维埃政府的粮食部长等。1937年他就担任了庆环公署的专员兼区县县长，1939年陕甘宁边区第一届参议会宣告成立，马锡五成为边区政府委员会委员之一。在这个过程中间，马锡五先任专员公署副专员，1943年以后担任了陇东法庭分庭庭长。1943年，他审判了一个非常著名的判例——“刘巧儿结婚案”。1946年他就任陕甘宁边区高等法院院长，1949年中华人民共和国成立以后，先后任最高人民法院西北分院院长、最高人民法院副院长。

要讲“马锡五审判方式”，我们就要先讲陕甘宁边区。陕甘宁边区就是在陕西、甘肃、宁夏三省交界的一个地方，南北 900 华里，东西 800 华里，用老、少、边、穷几个字可以概括其特点。当时陕甘宁边区的态势是：东面是黄河，西面、北面和南面都是国民党的军队，这种情况下，中国共产党想做的一件最大的事情就是如何扩展自己的地盘，同时争取更多的民众支持。当时国共两党之间的态势是：陕甘宁边区陇东（甘肃东面的一块地方，是当时的国民党和共产党拉锯时你争我夺的地域）专区是国民党统治区和根据地接壤的地方。有意思的是，当时一个县里有两个政府：一个是共产党政府，一个是国民党政府，形成了双重政权。而在这个过程中由于征粮、征兵、纳税等等问题，经常发生摩擦，但并无很大的战乱。由于那个地方治安条件恶劣，生活贫困，一些小流氓很容易生存下去，做起偷鸡摸狗的事很简单，而且还有日本特务。可以说，那时这个地方处于一种非常不稳定的状态。

陇东分区在 1940 年成立后，就把这几个县划了进来。当时的情况是，陇东被国共两党一分为二，一边是陕甘宁边区，一边就是庆环分区，实际上形成共产党与国民党的对峙。但从装备等方面来看，国民党的势力还是要大一些。八路军只是国民政府第八路军，所以国民党军队经常打出国民政府的旗号来蚕食土地。当然，这种蚕食不是通过武力，而是通过对老百姓的争取。因为仅仅有土地在当时是没有意义的，土地上面必须有人，是人对人的争取，并不是对土地的简单占有。所以，那个地方主要是争夺人的问题。在那个时候，国共两党政府达成了两个协议，这两个协议讲的都是保甲或者辖区，都是针对人的管辖而言。国共之间达成这样的协议，意思就是双方之间不要相互侵犯。但实际上还在暗中较劲，想方设法通过非正常的形式把对方的人吸引过来。

有人的地方必然形成社会，有社会就必然有纠纷，有矛盾；有纠纷和矛盾,政府就必须解决。当时的情况是,在对民众纠纷矛盾的解决上,形成了相互争夺案源的情况。双方都互相指责对方是汉奸,指责对方司法不公。不过,就共产党而言,当时陕甘宁边区的司法环境是很糟糕的。1942 年,《解放日报》就讲,我们有大批干部,实际上最主要的就是司法干部,以及一般的县区干部的素质比较差,导致群众和干部的关系常常处于紧张状态。这个严峻形势在当时考验着中国共产党陕甘宁边区政府的执政水平,虽然陕甘宁边区也有一些判决、一些司法活动,但是这些活动的效果常常是不尽人意,失去了大量民众与民心。这种状况,导致陕甘宁边区的老百姓有了纠纷以后谁也不找,因为找谁都麻烦,只能自己忍气吞声。但是这个结果显然不是中国共产党所期望的。中国共产党的政府清楚认识到,当时的矛盾和纠纷解决过程就是一个民众认同谁、认同哪一个司法、认同哪一个政府的问题。由此看出,这里的司法问题实际上是一个政治问题。

当时的交通还不方便,到一个地方去告状也非常不顺畅,仅仅依靠各县的司法还是不行的。于是,中国共产党在 1941 年成立了一个专署,专署下面成立了法院分庭等,便于老百姓的诉讼,这个措施是非常必要的。这种措施同时还是一种政治布局。1943 年 4 月 7 号,根据《高等法院分庭组织法》,任命陇东区的副专员马锡五为庭长,实际上为推事。"推事"是国民党使用的概念,当时共产党还不能找到一个替代的概念,于是继续用"推事"这个概念。

马锡五首先是一个专员,这是他的第一身份。然后他才是一个分庭庭长,这恰恰和中国古代的县官模式一样,即政法合二为一。我想,我们当下的政法合一的问题,可以从这个地方寻找到它的起源。马锡五在这期间,他首先是一个政府官员,同时是一个司法工作者,并带着这样的身份参加一些案件的审理,最著名的就是"刘巧儿结婚案"或者叫"封捧儿结婚案"(刘巧儿的原名叫封芝琴)。案件的发生地点就在陇东区华池县,当时有木刻画记载了这一事件。

该案的始作俑者是封芝琴的父亲。她父亲比较贪财,最先把封芝琴指腹为婚给张柏,因为是指腹为婚,所以男女双方一开始互相都没见过面。后来,封芝琴有一次去她朋友家的婚宴上帮忙时,看到了张柏,有人对封芝琴说,你许配的就是这个人。封芝琴觉得这个男人还可以,长的很高很帅,很高兴。但是,封芝琴的父亲封彦贵是个财迷,为了从女儿身上多捞“彩礼”,有一个财主用20块大洋、8000法币还有几批布来下聘,封父觉得还可以,就收下了这些聘礼,并向张家退了亲。封芝琴知道后,悄悄带话出去给张柏说,我除了你谁都不嫁。而张柏的父亲听说退婚后也不服,认为封家的这种行为属于悔婚。1943年4月13日深夜,张柏到封芝琴家中把她抢走了。第二天封芝琴父亲就告张柏强抢民女。在案件调查中,张柏没有否认抢人的事情,法院就把张柏抓起来判了刑,并且宣布他与封芝琴的婚姻无效。封芝琴不服,翻山越岭80里去告状,经过了几天的等待,等到了马锡五。而并不是所说的马锡五亲自去调查,找寻案源。应该说,马锡五介入此案,是因为他发现了这个案子可能形成的政治影响。所以,他介入此事可以从两个方面来理解:

首先,通过这个案子可以去发动群众、动员群众,实际上这就是一个群众动员的过程。马锡五把乡里乡亲们召集起来,通过调查,把怎么会出现抢婚、被抢的人乐意被抢等诸如此类的尴尬情况以及案件的原委弄清楚后,他决定公开审理此案。这类似于我们现在到社区里面开庭。

这件案子牵扯到妇女,特别是在当时那么落后的一个地区的妇女,她的婚姻自由意识如此强烈,很有教育意义。所以,当时陇东的一个中学教师将这个事件改编成为一个秦腔剧本,也就是我们今天熟知的《刘巧儿告状》。由于秦腔在陕西是一种非常普及的文艺方式,所以通过这个模式就将该事件传扬开来,一直传到延安。毛主席都知道"刘巧儿告状",这个宣传的确非常成功。由此大家也记住了"马专员",而不是"马青天"。因为,马锡五从一开始就是一个"专员"的政治身份。

马锡五除了审判这个案子以外,还审判了其他一些有影响的案子。通过这些案子的判决,他的声望有了很大的提高。当时这种模式在司法系统被总结整理成了一系列的司法经验,即认为要相信群众、依靠群众,只要我们真正做到这点就形成了铜墙铁壁,诸如此类。而这些都暗含了要动员基层群众,从最基层去发动群众的治理观念,通过司法形成政治基础。民众觉得这个司法好的话,就等于产生了司法认同,那就会对政权也产生认同。

其次,还要再了解一下当时的司法政策。毛泽东在1939年说:"我们的人民法院不管别的,单管对付汉奸,对付破坏法律的人,对付破坏团结、破坏抗战的分子。"那么当时的法院职能主要就是解决"敌我矛盾"。其实还有一类矛盾,即"人民内部矛盾",1957年,毛泽东在他的《关于正确处理人民内部矛盾问题》这篇文章中将矛盾分为两种,一种是敌我矛盾,一种是人民内部矛盾。敌我矛盾怎么解决呢?镇压!毫不留情的镇压!人民内部矛盾怎么办呢?就是批评与自我批评。就像我们现在的群众路线。

当时的司法是共产党的人民政权巩固政治活动中一个非常重要的活动。所以,当时的司法就是保护各个革命阶级的利益,纠正资本主义国家各阶级在法律面前虚伪的平等而代之以真正的实质平等,法庭是代表人民审判而不是远离人民群众的特殊机关,同时,法庭是政府的一部分,其审判不仅仅对人民负责,也对政府委员会负责。总之,法律应该服务于政治。

1943年毛泽东曾为马锡五题词:"一刻也不离开群众"。毛泽东在1940年到1945年写"联系群众""密切联系群众"的题词大概有10个。当时之所以这么说,首先还是考虑了政治的需要,马锡五通过这种手段赢得了民众的认同，这对于中国共产党当时的陕甘宁边区来讲是非常重要的。

当然，马锡五这种审判方式在国统区也引起了反响。当时的重庆《大公报》记者发现马锡五的这种审判方式很有意思，国统区也不会有一个推事会在审判案件的时候采用这种方式，更不会推广并形成主流。

今天，我是想通过这个问题来说明，我们如何通过一个大家都熟知的事件、一个文本、一个个案、一个行动，在细微的问题中间找出自己研究的进入方向，形成自己的问题。就马锡五审判方式这个事件，很多人认为其是一个司法实践，而我认为它是一个政治实践，是一个政治实践问题而不是司法实践问题。我想做的论文也是从这一个视角去做的，而不是从司法的视角去做，因为从司法视角去做的话是我们夸大了它的司法意义。

所以我认为：马锡五审判方式是政权建立过程中派生出来的一种方法。如何建立政权？如何巩固统治？如何在民众之间形成自己的威信？在这个过程中，马锡五的审判方式的确起到了非常重要的作用。

第一，在当时，这个案件的审判过程是一个了解群众的工作方式，是一个面向群众的宣传过程，强调的是发动群众。电视剧《苍天》讲述的就是马锡五的故事，片子一开头表现了共产党发动群众躲避国民党统治的问题。这也印证了我所说的，当时国共所争夺的不是土地，而是人口，有了人口才能有兵源，才能有税收。所以，马锡五审案方式是获取民心、争取民众的重要手段。

第二，马锡五首先是个政府官员，司法活动是他治理地方的政治手段之一，这也是我们需要把握的重要方面。

第三，当时民众就是从这样一种司法的认同走向了政治认同的。当然，这并不是说共产党取得天下都是靠马锡五审案方式获得的。不过，起码在陇东地区这一政治争取是成功的。

另外，我认为马锡五审案方式作为一种治理手段可以成为共产党的一种政治遗产。有很多东西，比如说近代一些关于少数民族的问题，我认为也可以通过司法认同最终达到国家认同，这些问题是相通的。

同时，我认为马锡五审判方式不具有原创性。因为这种纠纷解决模式在中国有很多。在一个封闭的社会共同体里面，纠纷解决很多都是通过这样一种方式进行，比如汉族的宗族祠堂、民族地区的家制和部落等，还有不断播放的电视剧《狄仁杰》，他就经常进行调查访问，而且还有一句名言："元芳，你怎么看?"。(笑声)

所以我认为马锡五审判方式在当今被严重误读了，过分夸大了它的作用，就如某省高级人民法院院长说的"原告赢了，被告输了怎么办？我们要让双方都满意"，该院长似乎希望通过非司法的过程完成两造皆乐的矛盾处理结果，但这可能吗？

当然调解是可以的，但是每一个案件都能调解吗？我知道一个很成功的调解案例，不过，并不是通过调解完成的。在重庆云阳，有一对夫妻离婚，他们都想在析产中得到他们之前的共同财产——房子。法官说，既然双方都想要，都不妥协，那就把房子拍卖，然后双方分钱。但是双方都不同意，调解陷入了僵局，没人妥协。也就是说，通过调解根本无法完成这一离婚纠纷。而且双方都说了，如果法院判给对方，自己一定要上诉，一定要把官司打到底，如果官司打输了，那就要去信访！这时，有个书记员无意间说道："那么抓阄吧。"两人一听，都同意了。于是，书记员制作了两个纸条，一个写着"有"，一个写着"无"。最终女方抓到了"有"，男方也爽快同意，说："这是天意，我认了"。(笑声)我想不是每一个法官都有那么好的运气的。司法活动中一方赢一方输，这个是常事，我们很难让双方都满意。

对不起，我的讲演时间超时了，我最后再说几句。今天我们希望司法能“让人民满意”。我们一定要非常清醒地理解“让人民满意”中的“人民”概念。这里的“人民”应该是抽象的。因为,让具体的“人民”中的每一个成员满意是非常危险和愚蠢的。常言说,你可以让一个人一辈子满足,也可以让每个人一阵子满足,但你不可能让每一个人一辈子满足。最终结果还会导致一些人假“人民”的幌子滥用权利。马锡五审判方式可以是法治建设的中司法过程的补充,如果在司法中一味强调“马锡五审判方式”,否认司法的作用,或者用“马锡五审判方式”替代司法,法律将无法形成应有的权威,那些认为只要有了马锡五审判方式,司法在人民中的威信就建立起来了的想法是幼稚的,甚至可能是非常危险的。我总觉得这样的“运动”将会导致社会越发不稳定,人们的价值观将越发混乱,在这样的情况下,中国将无法达致法治。而最终结果只能是一种通过法律实施的人治,这比我们所说的那种单纯的没有法律和司法的人治还恶劣。

## 互动环节

**学生提问:**为何目前我国只重视实体正义,不重视程序正义?

**答:**前面我可能讲的就是这个问题,实体正义看起来很美,很迷惑人,但很难完全达到。程序正义看上去很虚,是有限正义,但可以操作。而现在我国只注重实体正义,看上去是在为每一个人民群众追求正义,作为一种政治运作,这是一种手段、一种方法。但我认为这种实体的正义实际上不可能实现。就如同我们所说的让每一个人满意,胜诉方满意了,败诉方也要满意,这种想法很荒唐。虽然任何程序都有瑕疵,但我还是坚信,只有在程序正义基础上,才可能追求实体正义。

## 延伸阅读文献

### • 著作

侯欣一:《从司法为民到人民司法——陕甘宁边区大众化司法制度研究》,中国政法大学出版社 2007 年版。

杨永华、方克勤:《陕甘宁边区法制史稿(诉讼狱政篇)》,法律出版社 1987 年版。

张希坡:《马锡五审判方式》,法律出版社 1983 年版。

赵昆坡、俞建平:《中国革命根据地案例选》,山西人民出版社 1984 年版。

### • 论文

李娟:《马锡五审判方式产生的背景分析》,载《法律科学》2008 年第 2 期。

马锡五:《新民主主义革命阶段中陕甘宁边区的人民司法工作》,载《政法研究》1955 年第 1 期。

强世功:《权力的组织网络与法律的治理化——马锡五审判方式与中国法律的新传统》,载《北大法律评论》(第 3 卷第 2 辑),法律出版社 2001 年版。

# 第3部分

# 评　论

# 可以有不一样的法学

张芝梅

张芝梅，女，中国社会科学院社会学所编审。曾在四所大学游学，系华东师范大学哲学学士、复旦大学哲学硕士、北京大学法学博士、中国人民大学法学博士后；转换工作单位若干。主要学术兴趣为交叉学科研究，目前的主要研究领域为法经济学、法律史。曾在《中国社会科学》《法律科学》等刊物上发表论文二十余篇，另出版专著一部，译著两部，译文若干。

这个会议跟一般的学术研讨会都不一样，因为一般的学术研讨会不会有这样一个研习营的形式。我希望大家能体会到组织者的良苦用心。他们或许希望给大家带来一些不同的东西。

通过这两天老师们的发言，大家也会意识到，这些讲课老师的观点和方法，可能和你们通常在法学院的课堂上所学到的东西不一样。或者说，在某种程度上，这些也许不是目前法学界的主流的观点或者研究模式。但我不知道大家有没有反思过，我们目前的不管是法学教学还是法学研究，有没有什么问题？或者有没有让你觉得不满意的地方？因为做编辑职业的缘故，我每天都要看大量的文章。总体上看，目前大多数的法学文章基本套路都是西方的法律怎么规定的，我们中国目前的法律有什么问题，针对这个问题我们应该按照西方怎么改。这样的文章，看多了、看久了，会觉得很 boring，很不耐烦看。基于此，我个人很不喜欢目前这样的法学研究状况。

不管是昨天苏力老师的讲座，还是今天各位老师的讲座，大家或许也都能从中感觉到，他们对当前的研究范式也很不满意。今天在座的这些老师都不知不觉地在践行着这样一种法学研究范式，他们在逐渐地告诉我们法学研究不应当这样做，或者这么做下去对知识增长是没有好处的。

那么，怎么做才对知识的增长有价值？可能需要以问题为中心，而且解决问题的手段是知识的，但这个知识不一定是法学的，它可能是各方面的知识和方法。所有的东西，都为解决问题而设定。从这样的一个角度，需要研究者或者教育者从不同的角度，针对某一问题进行多角度的分析。

大家看西方的那些法学教授，没有像我们的刑法教授就只教刑法，或者诉讼法教授就只教诉讼法，他们的研究也是这样。而我们为什么做不到这一点呢？这实际上是一种知识的懒惰。大家就守着某一窄小的领域，不让别人进入，这样就混吃混喝一辈子。

我时常感觉，法学院的学生被老师教坏了，没有坏学生，只有坏老师。有时候我就看到有些引证率很高但一点学术价值都没有的文章，我会觉得很悲哀。而且这样的老师还每年招博士招硕士，跟着他写那么多一点没有知识增长价值的文章，这等于害了学生一辈子，让人一辈子跟着做毫无意义的事情，这是一件很痛苦的事情。但是很多人可能自己意识不到，还有就是我们的思想也可能被各种各样的东西禁锢了，就包括支振峰老师所说的，我们很习惯接受一些不经过自己的思考、似是而非的观点，包括他说的歧视。

如果从更广义的意义上来说，歧视本身是有效率的，我们在座的每个人某种程度上都是歧视的受益者。大家想过没有，高考为什么要划分数线？分数线实际上就是一种歧视，为什么你考了500分就能上云南大学，为什么我考了450分就上不了大学呢？你我同样是人，你能上大学，为什么我不能呢？每个人都有平等受教育的权利，但你考650分就能上北大，你考550分就只能上其他大学，这就是一个歧视。然后你考硕士、博士，每一次考试都是歧视。包括这次选拔，也是一种歧视，大家都是歧视的受益者。包括你找工作，你可能也面临很多竞争者，而你最后谋到了一个职位，你也是歧视的受益者。所以，你应该想想歧视是不是都是坏的？或者在什么情况下是坏的？当你坐在大学课堂里，你有没有想过你自己是歧视的受益者，你在不同程度上享受着歧视的结果？那些上不了大学的人或许在想，我也想上大学，每个人都是平等的，等等。所以，从不同的角度看问题，可能得出不同的结论。

再比如,我们经常说要遵守规则,但是其实我们每个人心里都有一点特权思想,我觉得可能所有中国人都有。比如,医院专家号很难挂,你希望别人排队看病,但是如果你自己能找到熟人,你可能就会去找熟人帮忙。所以有时候我们骂那些官员,说他们有特权思想,可能你到了他们的位子,你也一样。所以,需要有一个制度限制他们的特权。这只是举个简单的例子补充一下。

我希望大家能从今天各位老师的讲座中得到的一点启发就是:要以问题为导向进行研究,从中国问题出发,解决中国问题。这是我们应该注意的。还有一点就是,不要轻易相信别人,不要被人骗了。刚才各位老师说的观点你可能不一定赞成,我也不希望你们都赞成他们的观点,但是你至少知道有各种可能。记得以前看到某本书上说,我们追求各种各样的自由,但是,思想自由是任何人剥夺不了的,为什么我们不好好利用一下我们思想的自由呢?

## 延伸阅读文献

### • 著作

〔美〕理查德·A·波斯纳:《超越法律》,苏力译,中国政法大学出版社2001年版。

### • 论文

成凡:《法学知识的现状偏差——以麻风病作为切入点》,载《法制与社会发展》2004年第6期。

苏力:《法律人思维?》,载《北大法律评论》第14卷第2辑,北京大学出版社2013年版。

苏力:《法律人自身的问题》,载《北方法学》2011年第4期。

张剑源:《法律对伦理的偏好与疏离——以中国艾滋病防治立法中的隐私保护条款为中心》,载《法学家》2013年第6期。

张芝梅:《实用主义地拒绝实用主义——对批评波斯纳的反批评》,载《法律和社会科学》第12卷,法律出版社2013年版。

# 经验研究背后的中国话语

支振锋

支振锋，男，法学博士（中国社会科学院），政治学博士后（北京大学），中国社会科学院法学研究所副研究员，《环球法律评论》杂志副主编。在《法学研究》《政治学研究》《中外法学》《政法论坛》《环球法律评论》《法制与社会发展》《求是》等期刊发表论文近30篇，其中多篇论文被《新华文摘》《中国社会科学文摘》《人大复印报刊资料》《新华月报》等全文转载。出版有专著3部，译著6部，主持国家及省部级课题6项。另外在《人民日报》《中国青年报》《法制日报》《环球时报》《南方周末》《民主与法制》等报刊发表各类文章约150篇。

各位同学、朋友，感谢云南大学法学院、《法律和社会科学》编辑部的邀请，让我能够参与这样一个特别的课程。在这两天的研修中，我们看到了来自不同视角、方法对于法学议题的追问和经验性探索，也能够感受到运用社会科学方法研究法律问题的无尽可能性。在这里，我想借由自己对一个具体问题的研究和思索，来对本次研习营主题进行回应。

我要讨论的是关于法学经验研究背后的中国话语，更具体地讲，是西方话语与中国法学之间关系的问题。

即便从鸦片战争算起，西法东渐也已经将近两个世纪，其功其过，纷纷扰扰。比如，王铭铭教授讨论西学“中国化”的历史困境，将西学作为他者，梳理中国“西方学”的谱系及其意义[①]；俞可平先生著文，回顾“西化”与“中化”的百年争论[②]；邓正来教授的《中国法学向何处去》一书，蔚然掀起中国法学“主体性”的旋风。[③]然而，不管学术界关于中西如何进行论争，但今日国内学术界终日“西话”萦耳，却也是事实。在一个开放的学术世界与思想“市场”中，“西话”当然重要，却又不是一个“重要”这么简单。

如果考察近代以来“西话”在中国知识界尤其是政法学界的

① 王铭铭：《西学“中国化”的历史困境》，广西师范大学出版社 2005 年版。

② 俞可平：《回顾与思考：“西化”与“中化”的百年论争》，载《北京日报》2011 年 11 月 28 日。

③ 邓正来：《中国法学向何处去：建构中国法律理想图景时代的论纲》（第 2 版），商务印书馆 2011 年版。

兴衰沉浮与话语嬗变，我们可以隐约发现一个从“鬼话”到“童话”再到“神话”的轨迹，细究起来，颇有意趣。

先谈“鬼话”。自中华文明的早期，就发展出所谓东夷、西狄、南蛮、北戎的蛮夷之说。由于闭目塞听的无知或者不假思索的傲慢，以及科学求实精神的匮乏，历代以来对于中国之外的世界充满着各种讹传与假想。即便到了与真正的西洋人打交道更为频繁的清朝道光咸丰时期，中国人对西方仍然缺乏真正的认识，而是充满了鄙视和轻蔑，甚至把传说中的欧洲等地同《山海经》中的那些奇奇怪怪的记载相互参照比附。究其原因，一方面是误解与抵触，特别是鸦片战争之后，对西方人的误解与不信任愈演愈烈；再加之当时欧洲列强的侵略与傲慢，“鬼子”的形象变得于典有据，其所言的也是不值一提的“鬼话”。

其次讲“童话”。到了19世纪末，在西方的殖民与屠杀中，情况大变。有学者曾经这么概括说：“自义和团动乱以来，包括政府官员、知识界、绅士以及商人在内的人士，几乎普遍地确认，向西方学习是十分必要的，反对西式教育的人几乎不见了。”①由刚开始不过是代表落后蛮夷地区、近于妖魔鬼怪甚至禽兽的东西，变得令中国人闻而生畏，而且由畏生敬，最后甚至崇拜起他们来。不可否认，苦难中的反思使近代西方为人类贡献了杰出的政法制度与智慧，其中还有不少可资他国借鉴的制度和思想瑰宝。于是，中国的再一次西天取经开始了。但怎么西天取经？中间却道道甚多。以法律为例，获取西方资源大略有三种主要途径：翻译西方的法学思想经典、翻译法律制度规定以及实地考察其法律理论与实践。前两种主要是文本方式，从文本到文本，不免与实践

① 徐雪筠：《上海近代社会经济发展概况（1882—1931）——〈海关十年报告〉译编》，上海社会科学出版社1985年版，第164页。

隔膜,照抄就会出问题。但可惜的是,这种脱离语境的从文本到文本的研究,直到现在,还是我国法学研究的主流。动辄就是“中国问题＋西方理论＝答案”这种不合逻辑的伪三段论,中国沦为检验西方理论的试验场。当然,人们还是认识到单纯依靠文本的隔靴搔痒的不足,于是,或经东洋中转,或者径赴西洋,官商考察与学生留学开始蔚然成风。成果当然很大,也产生了不少学贯中西的大家。但整体来看,却也不乏问题。我曾对留学欧美的中国学生和学者做过观察研究,也曾亲身赴美加以体会,但遗憾地发现,除了研究自然科学的纯粹科学家外,至少在一定程度上,人文社科的留学生中的大多数人实际并未能真正地超越文本,因为身在天真的童话世界里,他们所言的也更多的不过是西方“童话”。哪怕并非所有人都是如此,这也绝非个别现象。

再来说“神话”。经历过战争的洗礼,国家在寻求富强的过程中,逐渐地相信“自我屡为所败,则强弱即成是非”。以武力为基础的实力问题,被转化成了一个价值问题:强的就是对的,弱的就是错的。不仅强弱就是对错,而且还被区分为先进和落后、文明和野蛮:因为西方强大,所以它就是对的,是先进的;而中国弱,她就是错的,是落后的。这样,中西在空间上的平行分布关系,又被转化成了时间上的先后关系。最终,本来可能仅在西方产生并得到印证的一些东西,也被当成了可在全人类放之四海而皆准的真理,中西之间本为不同具体主体之间的并列关系,又被转化成了普遍与特殊的关系。自然,西方是“普遍的”,而中国是“特殊的”。就这样,西方成了传说,成了神话,成了强大、先进、正确的象征,成了光荣的榜样,成了第三世界发展中国家迈向美好未来的“必由之路”。

说完这些“鬼话”“童话”和“神话”后,我想说一下“真话”。不管是被世俗化还是被神化，本来具有批判力和诊断力的思想，一旦被社会的绝大多数不加思索地接受，最终的下场就是成为虽被人们日日翻阅、感觉似有所得而却无实际益处的枯萎的文本。本来提炼自活生生的人世生活与实践的活泼泼的思想，因为被视为"经典"，而最终成了与生活和实践更少发生关系的教条。"神化"西方最可能的结果就是，一方面坚称西方神圣，而同时却并不真的了解西方。而自己的国家、社会与生活，最后也变成了"熟悉的陌生人"，"日用而不知，习焉而不察"，好像很了解，实际上却似是而非。在法学上，结果就是西方法学的问题、方法与话语仍然还在明里暗里主导着我们的研究，我们很少能够拿出具有"自主知识产权"的法学作品。在整个 20 世纪甚至直到今天，我们的法学家丧失了文化自信，不注重本国本土斯民的法律实践，而只注重从西方引介"先进的"法律制度与思想。在具体的研究中，大有除洋文外无资源、除欧美外无正确之势，而极少对本国具体法律实践提出有说服力的解释与可执行的解决方案。

中国法学家的工作，很大程度上就是批评中国"不合(欧美)理论"(未必是不合理)的现实，全然不顾中间所存在的逻辑断裂。这样做最终只能使中国法学陷入以欧美法为中心、围绕着欧美法旋转的"法学托勒密体系"之中无法自拔。由于没有主体性，无论是我前面所说的异域法律资源的"中国表达"，还是外国法学的汉语文本，都是以单向度的知识传输作为目的的，而且讲述这些法学的学者时常假定了听者的对面存在。于是，阅读者时常不自觉地处于了知识接受者的位置，从而将这些法学理论当做一种"知识"加以对待，从而不自觉地受制于知识介绍者的"领导权"。与此对应，知识介绍者往往认定了自己的介绍是明确的、条理的、没有疑问的，从而不自觉地实施了"领导权"。但同时，他又向他所介绍之知识的来源地奉献忠诚。

因为时间的关系，很多具体的例证和材料不能一一展开。但我希望通过前面讲的这个研究视角来表达一个主张，就是说当我们探讨中国法学及其与西方话语（简称“西话”）的纠缠时，既不能脱离近代以来中国在政治、经济及社会等各个层面的重大历史转型，也不能脱离整个中国近代以来从“四部之学到七科之学”这个人文社会科学转型与重建的大背景。因此，我们就需要在整个中国人文社会科学的语境下，探讨“西话”在中国社会科学界尤其是政法学界的话语嬗变，梳理其从鬼话，到童话，最终又到神话的变迁轨迹，并探讨其背后的深层原因。

也正因为如此，我呼吁在法学研究中，不论是做经验还是做理论，都应该坚持解放思想、实事求是，以真正自由的思想、更为清醒和开放的心态来看待西方话语。第一，不管是鬼话、童话，还是神话，这些都不应该是社会科学和法学研究中真正应有的“西话”，而应该解放思想，切实调研，认真阅读，详细比较，客观打量，有一说一，让“西话”成为“真话”，成为实事求是、客观呈现的“真话”。第二，对于西方的研究，不能仅限于子曰诗云的文本，关键是立足实践，解放思想，实事求是，不被虚幻的理念所挟持，秉持真正的独立意志与自由思想。就法学研究而言，这就要求超越对西方从文本到文本的研究，超越油浮于水面的浮光掠影的臆想与表面化了解，而是真正辅以更纯正的社会人类学方法进入西方社会与法律运作的肌理，进入微观，去真正地观察、体验和判断其社会与法律实践。要将西方弄懂了，弄细了，弄透了，搞清楚真正的“西方”。只有如此，我们才能做到以丰沛的学术自尊与自信，不隐其善，不匿其恶，取其精华，为我所用。

一个在法学研究中完全迷信西方、神化西方，只是“进口”问题或根本提不出问题、不关注其自身真问题的民族，又怎么可能提炼出自己的理论？只有我们真正认识到自己所遇到的实践问题与根本性的理论问题，我们才能更为自信地让异域滋润本土，让历史滋润现在，让先贤滋润时杰，让实践滋润理论。不仅重视单向度的译介，更重视相互启发的对话。中国法学只能从自家的实践讲起，从自己的话语讲起，而不能从别人的理论讲起，从他人的话语讲起，尽管也应重视他人经验与话语的镜鉴意义。必须以扎实的实证研究和翔实的比较研究，将中国和西方都弄清了、弄懂了、弄透了，我们才能得出真正有解释力的理论。只有如此，我们才能自己讲，讲出自己的中国法学，才能在分享西方所发明的知识、思想三百年之后，也做出我们自己法学的文明贡献。作为一个优秀民族，我们有义务为人类做出这样的典范性贡献。我想，这正是这次研习营以“法律的经验研究”为主题的重要意义所在。

## 延伸阅读文献

- **著作**

左玉河:《从四部之学到七科之学——学术分科与近代中国知识系统之创建》,上海书店出版社 2004 年版。

王铭铭:《西学"中国化"的历史困境》,广西师范大学出版社 2005 年版。

- **论文:**

喻中:《走出"法学的托勒密体系"》,载《读书》2009 年第 1 期。

支振锋:《知识之学与思想之学——近世中国法理学研究省思》,载《政法论坛》2009 年第 1 期。

俞可平:《回顾与思考:"西化"与"中化"的百年论争》,载《北京日报》2011 年 11 月 28 日。

# 经验研究的理论、立场与方法

冉井富

冉井富，男，中国社会科学院法学研究所副研究员，中国社会科学院创新工程项目执行研究员。自 1998 年参加工作至今，致力于运用法社会学的立场和方法，研究现实法律问题。发表论文 20 余篇，出版专著、教材、研究报告 10 余部，研究的问题涉及法律指标、司法制度、法律职业、纠纷解决等领域。2005 年出版的专著《当代中国民事诉讼率变迁研究——一个比较法社会学的视角》，尝试运用法社会学方法考察我国改革开放以来民事诉讼率的变迁。作为主要成员参与调研和编写、2007 年出版的《中国法律发展报告——数据库和指标体系》一书，运用大量的事实和数据反映改革开放三十年来我国的法律发展状况，在国内外引起广泛反响。受北京市律师协会委托，相继主持编写和出版了《北京律师蓝皮书》的 2011 卷和 2013 卷。

我们进行了为期两天的研习营课程，受王启梁老师的委托，由我来做一个简要的回顾和总结。

这次研习营课程设计了十二个专题，主讲老师或者是开风气之先的资深教授，或者是才华横溢的青年才俊。由我来对他们的演讲做一个总结，这是一份十分艰巨的任务，理解偏差、挂一漏万是难免的。但是我也感到非常荣幸能有这样一个机会，来谈谈我的一点体会，同大家交流和分享。我本科学的是社会学，后来又学了法学，一直在做经验研究，有一些心得体会。但是，我在学习和研究过程中也存在很多困难和疑问。这两天的课程，我是带着自己的体会和疑问来聆听各位专家的讲解，边听边想，深受启发，感慨良多，受益匪浅。

第一，这次课程使我感受到，"法律的经验研究"的兴盛是可以期待的。2001 年，苏力教授曾发表一篇题为《也许正在发生——中国当代法学发展的一个概览》的文章[①]，其中提出了当代中国法学的三种类型：一种叫政法法学，另一种叫诠释法学，还有一种叫社科法学。当时他说政法法学已经在走下坡路了，诠释法学则正值繁荣和兴盛时期，而社科法学那时研究的人还比较少，但他说未来会兴盛起来的，就像霍姆斯所预言的统计学家和经济学家会主宰法学研究，或者如波斯纳提倡的"超越法律"。十多年过去了，我们又在谈论这个话题。昨天张芝梅老师谈到，《中

① 苏力：《也许正在发生——中国当代法学发展的一个概览》，载《比较法研究》2001年第 3 期。

国社会科学》收到的关于经验研究的来稿还是一个"非主流"。这样看来,如果说苏力教授开了风气之先的话,我们要让这个风气兴盛起来,还任重而道远。然而,经历了这两天的研习营课程后,我认为这个兴盛指日可待。为什么这么说呢?因为,一方面,我看到我们这些专家在社科法学方面都做了非常有示范意义、非常深入的研究,发表了非常优秀、非常前沿的研究成果,而他们的实际演讲又非常生动、非常精彩;另一方面,这两天来各位学员都非常专心和投入,对这次研习营的主题都表现出了浓厚的兴趣,而且能够高水平地与我们的讲课老师进行交流和讨论。

第二,通过研习营课程的方式来推动法律的经验研究,这种做法非常有创意,也非常有成效。这个课程的重要特点之一是目的明确、针对性强,即针对有志于从事法律经验研究的研究生,通过一个一个的研究个案,介绍经验研究的方法与技能。由于目的明确、目标集中,所以课程得以高度浓缩,演讲题目多,信息容量大,技术含量高。课程的另外一个特点是把学习和研讨结合起来,参会人员带着问题进行研习,并可以就问题和心得同各位主讲专家进行深入的交流和讨论。由于这些独具创意的特点,我们的研习营课程问题集中,形式生动,交流深入,因而非常富有成效。

第三,我们这两天的课程以研究方法为研习的重点,找准了在我国推动法律经验研究的发力点。我大致数了一下,这两天的课程有人类学的田野调查、社会学的访谈、日常生活的重构、抽样方法、历史文献法等研究方法的讲授。可以说,研究方法的介绍即使不是全部,也是这次研习的主体和重点。这些方法在经验研究中经常被使用,也很有效。而把这方面的研究方法作为我们这次培训的主要内容,应该说抓住了提倡和推动法律经验研究最关键的地方。为什么这么说呢?上午赵旭东老师在讲课时谈到,经验方法背后都有哲学,都有思想,确实是这样的。刚才我和侯猛老师在发言中讨论的就是这个问题，即无论是定性研究还是定量研究，都涉及认识论的立场。比如说，主体与客体的关系，到底有没有主客体之分？能不能分？这可以说是一个世界观的问题，而这个世界观又会影响研究方法的采用。法律经验研究和其他研究虽然从表面上看是研究方法的不同，但是背后却是更深层的世界观差异。所以，通过对研究方法的学习，不仅可以掌握经验研究的方法和技能，而且还可以更深刻地把握经验研究的原则和立场，增强经验研究独特的问题意识。当然，方法的学习也是困难的，因为我们过去的研究大多没有方法上的自觉，研究问题时不会对方法进行思考和辨析，在写论文的过程中，不会对用与不用某种方法进行交代，不会对自己使用的方法有一个充分的反思性认识。由于这个传统，在我们的研究中，方法是非常薄弱与困难的环节。所以这次把方法问题作为重点，可以说是找到了经验研究木桶上最短的那块木板予以补强。另外，方法也确实是最能体现经验研究的风格、最能提升研究成果的学术品质的因素。

第四，我们的老师在介绍方法的时候，不是单纯地说应该怎么研究或不应该怎么研究，而是结合他们的研究成果来展示方法，这也是我们这次课程的一个亮点。昨天，易江波老师有一段话我非常赞同。他说："与其去推广你的方法，不如用这个方法去研究出一部作品来。"换句话说，作品成功了，方法自然就有说服力了，方法就自然推广开了。单纯地说经验研究应该怎么做，首先是不负责任的，因为方法是不是有用或有效，没有试怎么知道呢？其次，不通过个案来展示怎么运用方法，教者难教，学者难学。所以，单纯的方法说教是不可行的，而通过一个成功的作品来展示方法，在学科发展史上则是一种惯常的情形。比如说，社会学在发展早期一直充满着争论：社会学到底是不是一个学科？是一个怎样的学科？因为各种东西都有相应学科去研究了，比如生病有医学，天体运行有天文学，机械制造有物理学，人类社会的实践有历史学、政治学、法学和经济学，这些都有相应学科去研究了，那你这个社会学研究什么呢？所以一直充满着争论。在这场持久而广泛的争论中，涂尔干（又译作迪尔凯姆）就是通过其著作《自杀论》使其立场和观点脱颖而出。[①]《自杀论》成功地应用了"相伴变异法"考察自杀率的影响因素，进而具体而生动地说明了社会学的研究对象和研究方法。所谓"相伴变异法"，就是确立因果关系的一种方法：两个可类比的事物（因变量）其他方面的影响因素都相同，但有一个因素（自变量）不同，如果相互对照的两个事物在结果上出现差异，我们就可以推定说，这个差异就是这个不同的影响因素产生的结果。涂尔干在这本书里成功地、开创性地应用了这种方法，以及他对什么是社会事实的阐释，因而向人们展示了社会学与其他学科完全不同的研究对象和研究方法，所以，这成就了涂尔干及其《自杀论》在社会学学科发展史的重要地位。其他的比如说韦伯、马林诺斯基、费孝通等人，也都是通过这种途径来展示自己的方法论立场的。

这次我们提供给各位学员的课程资料读本里面收录的论文，有的是单纯讲方法的，但多数还是讲具体的研究成果。即便是单纯讲方法的，也有著者自己的研究经历和研究成果，而且是尽量结合起来讲的。对于同学们来说，也可以总结出一个方法学习的诀窍：通过批判性地阅读经典著作，领会前辈学者运用相关方法的要领，仔细体会这种方法的成效与不足，从而不断提升自己方法运用的自觉性，提高自己研究水平。

第五，各位老师在主题演讲中反复强调经验研究中的理论指导，这种态度希望得到大家的领会和重视。这个问题在昨天被多次提到，大家都从不同的角度表明了自己的看法。强调经验研究中的理论指导，就是说在进行经验研究之前要有理论。先有理

---

① 〔法〕迪尔凯姆：《自杀论》，冯韵文译，商务印书馆 2008 年版。

论，经验研究才有收益，苏力老师、陈柏峰、尤陈俊都强调，本科阶段最好不要搞经验研究，而是先读书，都是这个意思。确实如此，没有理论，经验研究确实是不可想象的。这就好像研究没有眼睛，当然就很难有重点和发现，而且所搜集的经验素材也不知道从何处开始进行理论分析和理论建构。必要的理论指导，就是在进行问题的研究之前，先做一些理论上的准备。理论方面有准备了，才能够设计问题、预测问题，才能设计每次的经验调查，才能有所收获。通常，一个理论准备不充分的人去五趟，也不及一个有充分理论准备的人去一趟的收获多。

这里，我想补充一点，也是几位老师多次提到的关于比较的问题，苏力老师、刘本、柏峰都讲到了的，由于理论中会引入其他的生活经验，通过读理论，你就能在了解这些生活经验后，再反过来看自己的生活，更可能发现问题。所以说，理论还有这样一个作用，就是你不必跑到国外去，就知道司法独立是怎么回事，就可以知道我们的司法独立有什么不同。理论可以拓展我们比较的视野，增强我们比较的能力。而如何培养自己的理论素养，各位老师也向学员们介绍了自己的心得体会，比如什么阶段读书、什么阶段做调查的看法，具体着手一项研究如何进行理论准备的看法等，都值得各位学员参考和借鉴。

第六，我们的研习课程提供的研究成果以及各位老师的主题演讲，充分展现了经验研究的问题意识，但是这里也存在着值得进一步探讨的一些分歧。我们应该把什么问题作为法学的研究对象？从大范围上说是法律现象，但法律现象里面的问题还分为很多方面。大体上说，有事实层面的，有规范层面的，还有对策层面的。事实层面包括法律现象的描述、解释、理解等方面，认识法律现象这个自在之物"是什么"。假如主客体能够分离的话，它的那个自在之物是什么状态，这个是我们可以研究的一个对象。以尤陈俊研究的这个“藉尸抗争”为例[①]，如果讲事实层面的话，那么就是这个“藉尸抗争”实际是怎么运作的，那些人为什么要这么选择，要这么去闹，后果是什么，那些人的心理状况如何，实际的博弈进程怎样等，这些是事实层面的。规范层面就是价值层面。这里面有高贵和耻辱，有美丽、善良和丑恶，有好的和坏的。总之，这些做法是可以有规范含义和价值含义的。我们的研究也可以讨论这些问题，比如说“藉尸抗争”这种行为是好的还是不好的，是不是反法治的，压制这种行为是不是可以，是不是合适，是不是有助于法治建设，是不是有助于维护社会稳定等，这些都是可以考察的，但都是规范层面的。如果说你考察这里面有什么问题，研究怎么解决，形成政策或措施，则是对策层面的。

那么，对于法律现象中这些不同层面的问题，法律的经验研究应该着重研究哪些方面呢？这里不是说对问题厚此薄彼，不是说哪些重要而哪些不重要，而是说不同的研究路径之间实际形成了一种分工，一种风格差异，一种学术互补。在这个意义上说，经验研究的风格是什么？经验研究的重心在哪里？或者说，我们应该重点研究什么？这两天听了各位老师的讲授后，我发现在这个问题上大家是有分歧的。我是学社会学出身的，所以特别赞成规范与事实的分离，赞成经验研究重在事实层面的考察。社会学家马克斯·韦伯提出要价值中立、价值无涉，这并不是说价值不重要，也不是说每个人可以完全保证自己没有价值观念。韦伯本人就是一个强烈的民族主义者，在法国和普鲁士的战争中，他也是有立场的，但是他努力做到在他的学术演讲中，在他的文章中，避免自己的主观的价值偏好影响他对事实的阐述。他努力去这么做了，也在很大程度上做到了。

---

① 尤陈俊:《尸体危险的法外生成——以当代中国的藉尸抗争事例为中心的分析》，载《华东政法大学学报》2013 年第 1 期。

这种立场应该说形成了社会学的一种传统,但对于这种传统,人类学家并不买账。上午赵旭东老师说,主客体从来就不分离,刚才侯猛也有这种观点,就是主客体是很难分的。而社会学传统是强调主客体分离的,虽然后现代也有一些反思。我个人认为,主客体很难彻底分离,这是事实,学者很难完全避免自己主观因素所产生的影响,就像语言很难精确地表达一样。比如,你说一句话,我确实不能百分之百地理解你的意思,但这并不影响我们的交流,并不影响我理解你的话语的中心意思。你让我坐下,我肯定知道那不是让我站着。问题不能走极端,价值中立也是这样的。虽然价值和事实确实很难彻底分离,但是我们可以让它们更加分离一些,或者让它们有所分离,或者让我们意识到是我的偏好在起作用,于是,价值中立在很大程度上就可以成为研究人员一个可以自我实现的预言。所以,我还是主张尽量做到价值中立,做到价值无涉。这也是经验研究的风格所在。

我认为做法社会学研究的话,要尽量避免研究者价值偏好的影响,因为社会学讲究效度和信度。所谓效度就是你对一个问题的解释能力,即解释是不是合理,是不是解释清楚了。所谓信度是说,同样的一个问题,张三来看是这么个结论,李四来看还是这个结论。信度也可以用程度来衡量,用一个值来衡量。在社会学看来,我们所做的研究之所以有意义,就是因为我们的结论有信度。为什么这么说呢?因为我们做的成果,是别人看了之后,就不用再去做了,因为他去做了,结论也还是一样。要做到这一点,就必须把你自己个性化的那些因素,比如你的偏爱,你的爱好,你的立场,你的民族,你的性别,这些因素尽量排除,才能使得你的成果换成另一个人来研究也是这个结论。我觉得只有确保这样的“信度”,学术研究的意义才能最大化。

回头来看,这次研习课程的主讲老师中,很多是不刻意保持价值中立的。当然,“规范”能够带来激情,容易让人热血沸腾,因为它涉及美和丑、正义和非正义。有些老师在讲问题时,我能够看到他(她)们自己对于研究对象中的某些东西的那种憎恨或是讨厌。比如,柏峰在讲“混混”时,他就说这个地方怎么能这样?怎么这么坏呢?晓丹老师讲到“六个子女”继承案时,我也能感觉到她对这种情况的不满,虽然说它是一种困境,好像两方面都值得同情,但我感觉到,她更倾向于追求平等。不知道我的领会是不是对的。总之这些价值的偏向还是比较明显的。

在这个问题上,还有一些老师提到,研究什么层次的理论问题。柏峰讲理论研究可以归为三个层次:一般的人做一些前期的资料收集工作,中不溜的人就做一些初步的理论提升工作,大人物就在这个基础上做更重要的工作,就像侯猛老师说的那种宏观的、覆盖范围很广阔的宏大理论。我非常赞同两位老师的观点,我觉得我们在座的同学们,要从易于驾驭的小问题着手,哪怕你这次研究提不出理论,你能说清楚事件或现象也行。其实说清楚了,慢慢地就可能会有一定的思辩能力,会提出理论。当然我也觉得你们中不少人可能已经到了中不溜这个水平了,少数人很快就会迈入大世界、大视野层面了,那是值得我们期待的。但是对多数同学来说,还是不要眼高手低,还是要从最基本的做起。

第七,我想说说方法的选择。我们介绍了很多方法,但方法还没有穷尽。我们还有很多方法这次没有介绍,比如博弈论。面对这么多方法,假如你都掌握了,你会选用什么方法,或者说我有问题了,我想先学方法,但选哪种方法来学习等,这些都涉及方法的选择。如果按我刚才讲的,把经验研究的问题定为事实层面的话,这个定位会影响我们对方法的选择。当然,如果你不这么界定的话,方法选择的答案可能会有所不同。因为,事实研究强调客观,强调中立,强调精确。有些社会学的方法是专门为实现这个目的而形成的,比方说抽样、观察等,就是为了追求可靠。当然,人为在调查中有些掺水的话另说。总之,把目标定为客观事实的研究,定为规范层面的研究,或者说是主客体合一的研究,方法的选择可能会有所不同。那么到底怎么选择呢?有没有一般的指导原则?苏力教授在谈方法时曾说,不要把我归入什么学派,我觉得什么方法有用,我就用这个方法。我们也确实能看到,苏力教授能够在很多文章中对很多方法有比较好的运用,而他的基本的立场就是,根据你的问题、根据你的需要来运用方法,当然这个前提是你要掌握很多方法,你才有选择的余地。

从这个意义上说,要在方法的选用上有自由、不受束缚的话,首先你得学习很多方法,至少对各种方法要有一个大致的了解。那接下来按什么原则来选呢?其实这两天有几个老师都提到了,我记得刘本的演讲中就有方法和研究匹配的问题。总体来说,还是要以问题和研究目的为导向,你研究的目的是什么,你的问题是什么,可能有些方法会特别适合它。

除了研究的目的之外,还有一些因素影响方法的选择。比如研究条件的影响。如果你本来想用历史文献法来研究刑事和解问题,可是如果没有什么历史文献,就没法研究,那就只能去做实地观察。而有些实地调查,像侯猛说他当初进不去最高人民法院做调研,受到这种条件的限制,没有类似的资源,也无法实施。再比如个人气质的影响。有很多东西确实是很难解释的,为什么有这种偏好,同一个老师的学生,有人有这个偏好,而有人有那个偏好。比如我有一个同门的师兄弟,我们的研究风格就完全不同,两个人在一起也没话说,他说的东西我不赞同,我说的东西他也不赞同;他认为我的东西不是学问,我认为他的东西没多大用。(笑声)这用什么解释呢?也不能用知识结构解释,可能就是个人气质的问题。比如说陈俊和柏峰,应该说前 10 年可能差别不大,但后面路子就不一样了,那只能说他们两个人的气质不同,(笑声)所以这些东西也是一个很大的影响因素。但是不管怎么样,不管选用什么路径,方法运用都要规范到位,要尽量契合研究的目的。

第八,对刚才大家争论的定量还是定性的问题补充说几句。定量的特点是靠数量上的关系来推断。数量关系有两个层面,一个是样本和总体(研究对象)之间的关系,还有一个是样本抽象出来之后,本身又形成一定的数量分布,这里边包含着因果关系或相关关系。举例来说,我们研究被告人的身份和刑事判决结果的关系,比如同样是杀了人了,但是被告人有工人、农民、解放军、妇女、儿童等不同身份,他们的判决结果会怎么样呢?有什么不同?当然,这要进行一个操作化的构造,不进行操作化则问题很难界定。而进行一定的操作化后,你就会提出,不同的身份可能会对结果有一些影响。这是预设的问题。假如你预设它可能会产生影响,那你就去验证它。验证的方法大致有两种,一种就是定量,一种就是定性。定性的话,就是要找典型的案子。定量的话,大体上就是抽样。研究的对象(总体)就是所有的被判决的群体。假如你能把这些案件判决通过一定的渠道收集起来,把它们编上号,并进行抽样,就会得到一定量的样本,就会对总体有一个显著性水平,就可以具有代表性。对样本进行调查之后就会得到一个统计数据。从这个数据中,你会看到,同样是杀人未遂造成重伤,农民有百分之多少被判死缓,干部有多少比例被判死缓,妇女有多少比例被判死缓,这个比例是会有差异的。从这个差异中,你首先会在样本范围内得出一些结论,进而对总体推断出一些一般性的结论,这就叫定量研究。

那么,这种定量研究的依据是什么呢?依据之一是个体之间是有差异的,而且个体数量很庞大。如果是有差异但数量不庞大,则定量研究就无用武之地了。比如说,5 个苹果是什么味道的,你挨个儿尝一口就知道了;但如果说数量庞大,比如我国三年之内的刑事判决,就要通过概率抽样来推定。反过来,尽管个体数量很多,但是个体之间几乎不存在差异,也不需要抽样,因为这种情况下,任何一个个体都足以反映总体的情况。所以说,定量的第一个依据是:个体差异大且数量多。依据之二是概率论或统计学的原理。根据这种原理,总体中个体之间的差异,能够在数量较少的样本之中得到很大程度的反映。概率是有一个计算方法的。比如,几千个样本有多少代表性,大体上有个计算方法,而这个代表性是由数学原理来决定的。虽然任何抽样都不是百分之百地代表总体,但是定量研究相信这个代表性,也就是信度,是可控的。这是定量研究在很大程度上可以被划归科学研究的一个特点。什么叫"可控"呢?就是知道并可在一定范围内调整。比如它能告诉我们,这个样本分析的结果和总体那客观的、自在的情形——假如有一个客观的自在之物的话——之间的吻合程度是99.999%。比如说发射卫星不能保证100%的成功,但是它能告诉你,这个卫星发射成功的概率是99.9%。在我们的生活中,保险公司可以依据这个原理来决定买保险时的一个理赔系数。科学能做到这一点,但科学不是绝对可靠的,它能告诉我们的只是可靠程度。定量研究同样可以做到这一点,条件是各个环节,包括问卷访谈、数据填入都达到特定的标准。

定性研究对特定个案深入研究的程度,是定量研究远远不及的,而其问题则在于,如果你的目的不是了解这个个案本身,而是要得出关于总体的一般性的结论,那么你这个个案在多大程度上能做一般性的解释,或者能够"走出个案",则可能存在局限。如果个案研究不能"走出个案",那个案研究的价值就要大打折扣。

举例来说,你想研究党的领导对司法判决的影响,你研究一个县,仅仅了解一个县就够了吗?你仅仅想了解一个县,那是个案,但是如果说想通过研究这个县来了解一般的情况,这个时候就需要"走出个案"。而中国这么大,你能走多远呢?所以我说,我们期待很多人去做类似的个案,你做一个,我做一个,我们就有很多个个案,很多个个案合起来又成了一个定量的问题,只不过是一个随机的样本或个案，这就涉及对个体之间的实际情况的分析和判断。从党的领导对司法的影响这个实际问题来说，个案研究也许是很有效的。为什么很有效呢？因为在我们国家，普天之下，莫非王土，体制基本一样，同质性很高，这就是为什么毛主席关于阶级斗争的调查虽然在国外从学术上来说是很不规范的，但在国内就被认为做得很好的原因。在中国，阶级斗争这个情况，很多地方都差不多。有很多学者就分析过，确实很多地方就是这么回事儿。因此对一个县的调查可以适用于其他地方。所以，这就看个体之间是什么关系，这个关系是不是同质性很高，同质性很高就没问题。当然，即便同质性不高，如果很多人去都做这样的个案，合起来也能对总体形成解释力。所以，我们也可以总结一下个案研究的适用范围：(1) 个体之间差异不大，或者说同质性较强；(2) 在众多个案研究的基础上，进行对比分析。

第九，在研习老师们的作品和讲演的同时，我对同学们还有一点建议：学习不忘批判。在仰望前辈的时候，我们要学习他们的优秀成果，学习他们的治学原则，学习他们的研究方法。前辈学者们之所以能不断地推出这么多的优秀成果，有这么深远的影响，是他们各方面深厚内功的展示。但无论是从学术品位的提升来说，还是从各方面能力的发展来说，我们在仰望和学习的同时，都要强化自己的批判性思维，就是要努力去找出老师们的不足，提出改进意见。任何理论都有不足，所以我们在学习和模仿的同时要批判。举例来说，苏力老师昨天讲的个案是一个很有意思的问题，但里面就有些地方我发现有矛盾。他讲到藏区为什么是“一妻多夫”而不是“一夫多妻”时，提出是因为“一妻多夫”不利于人口增长，而“一夫多妻”有利于人口增长，这个暂时没问题。但是有位同学问了苏力老师这么个问题，说“一夫多妻”的话，那就会有很多男的找不到媳妇，女的就会缺少，男的就会多余，因为有的男的占了很多资源。而苏力老师回答说，因为当地很多人都去做喇嘛去了呀，所以男的就少了。我认为这里面就有一个内在矛盾。他说这个喇嘛是不结婚的，不生孩子的，换句话说，喇嘛多了不利于人口增长，而按照“一夫多妻”制存在的逻辑是因为它有利于人口增长来看的话，喇嘛多了并不利于人口增长，那为什么喇嘛制度和“一夫多妻”能够同时存在于藏区社会？这用人口增长的原因来解释是不是有点儿矛盾？再一个是苏力老师在讲藏区制度时，比较有效地说明了这些制度为什么能产生的原因，但问题是这些制度为什么能延续下来，而且在现在这种环境下还能继续存在，以及在其他社会中条件不太一样的情况下还是能存在。我觉得，他的回答就有点儿牵强了。因为一个制度产生之后，这个文化和制度的存在是会给自己找存在理由的。文化也有这个作用，有自己的相对独立性，所以起源时的目的和存在后的功能是会不一致的。因此，这里存在着通过文化因素来解释的可能性，由此形成对苏力教授的观点的批判、补充或发展。

总之，同学们在学习各个老师的理论、方法、成果、情操的同时，也要有所批判，要努力地去批判他们，要踩在他们的肩膀上，要站得比他们更高，看得更远！

## 延伸阅读文献

### • 著作

〔美〕艾尔・巴比:《社会研究方法》,邱泽奇译,华夏出版社 2000 年版。

谢宇:《社会学方法与定量研究》(第 2 版),社会科学文献出版社 2012 年版。

冉井富:《当代中国民事诉讼率变迁研究——一个比较法社会学的视角》,中国人民大学出版社 2005 年版。

费孝通:《学术自述与反思》,生活・读书・新知三联书店 1996 年版。

### • 论文

卢晖临、李雪:《如何走出个案——从个案研究到扩展个案研究》,载《中国社会科学》2007 年第 1 期。

苏力:《也许正在发生——中国当代法学发展的一个概览》,载《比较法研究》2001 年第 3 期。

王铭铭:《小地方与大社会:中国社会人类学的社区方法论》,载王铭铭:《村落视野中的文化与权力——闽台三村五论》,生活・读书・新知三联书店 1997 年版。